Kanji lernen und anwenden, Bd. 1

Tomomi Uchimura-Staiger

Kanji lernen und anwenden
Bd. 1

Kanji 1–100 für die Schwierigkeitsstufe N5

Schmetterling Verlag

Bibliografische Informationen der Deutschen Nationalbibliothek. Die Deutsche Nationalbibliothek verzeichnet diese Publikation in der Deutschen Nationalbibliografie; detaillierte Daten sind im Internet über http://dnb.d-nb.de abrufbar.

Schmetterling Verlag GmbH
Lindenspürstr. 38 b
70176 Stuttgart
www.schmetterling-verlag.de
Der Schmetterling Verlag ist Mitglied von aLiVe.

ISBN 3-89657-400-0
1. Auflage 2016
Printed in Poland

Satz und Reproduktionen: Tomomi Uchimura-Staiger
Druck und Binden: Sowa, Piaseczno

Inhaltsverzeichnis

Übersicht aller 100 Kanji

Vorwort

はじめに

Liebe Japanischlernende!

Die japanische Sprache besteht nicht nur aus der korrekten Anwendung der Grammatik. Die Kenntnis der japanischen Kultur sowie das Lesen, Sprechen, Hören und das Schreiben in japanischer Schrift müssen im Zusammenhang gesehen werden. **漢字** (かんじ) macht einen großen Teil japanischen Schreibens und Lesens aus. Fast alle Nomen, Verben und Adjektive werden in **漢字** geschrieben.

Die Bedeutung eines chinesischen Kanji-Schriftzeichens alleine nützt gar nichts. Wichtig sind aus mehreren Schriftzeichen gebildete Vokabeln und deren Anwendung. *Sind das Verben, Normen oder Adjektive?*

Japanische Sätze werden nicht mit Subjekt, Prädikat und Objekt gebildet, *sondern man schaut, ob das letzte sinntragende Wort des Satzes ein Verb, Nomen oder Adjektiv ist. Je nach dem sind die ihm angehängten grammatischen Elemente unterschiedlich.* Das zu wissen ist das Wichtigste beim Japanischlernen. Japaner versehen außerdem Nomen häufig mit anderen Nomen (mit Partikel の), Adjektiven oder einem Verb-Satz.

Google hilft überhaupt nicht beim Bilden eines Satzes. Ein Beispiel: Schlagen Sie das Kanji **先** (sen) auf. Sie finden folgende Übersetzung: früher, Zukunft, vorne, Spitze ... usw. Schlagen Sie das Kanji **前** (mae) auf. Sie finden Folgendes: früher, vorne ... usw. Welche Unterschiede gibt es Ihrer Meinung nach?

In der Regel findet man z.B. für das Schriftzeichen **先** mehrere deutsche Übersetzungsmöglichkeiten in **漢字**-Lexika. Im umgekehrten Fall ist es genauso.

Im Gegensatz dazu möchte ich zeigen, welche ureigene Bedeutung ein **漢字** hat (Kun-Lesung) und wie es zusammen mit anderen Zeichen neue Wörter bildet (On-Lesung). Außerdem gebe ich dem Alltag entnommene Anwendungsbeispiele für diese neu entstandenen Wörter.

Die hierin enthaltene Kanjiauswahl entspricht prinzipiell dem Kenntnisstand der EU-Niveaus A1-A2 und JLPT N5, geht allerdings in Teilen auch darüber hinaus. Deshalb ist das zweibändige Lehrwerk auch für fortgeschrittene Japanischschüler geeignet, die Kenntnisse in **ひらがな** und **カタカナ** besitzen und weiter gefördert werden wollen.

Dieses Buch ist dafür konzipiert, um alleine oder mit einem Lehrer seine Kanji-Kenntnisse zu vertiefen. Die Beispielsätze und Übungen erleichtern Ihnen das Verständnis japanischer Sätze. Das Verzeichnis dieses Buches habe ich angeglichen an japanische Kanji-Lexika, wobei zu beachten ist, dass hier nur die ersten 100 von insgesamt 200 ausgewählten Kanji vorgestellt und erläutert werden.

Auch möchte ich mich hiermit bei allen Freunden, meinem Lebenspartner und meinen Unterstützern bedanken. Sie haben mich bei allem begleitet. Ein besonderer Dank gilt dem ganzen Schmetterling Verlag und der Lektorin Frau Victoria Oldenburger, die mit viel Geduld und Einfühlungsvermögen meinen Text korrigiert hat.

Ich wünsche allen, die mit diesem Lehrbuch ihre Kanjikenntnisse erweitern und vertiefen möchten, viel Erfolg und gutes Gelingen!

Ihre Tomomi Uchimura-Staiger

Liste der Abkürzungen

Adj.1	Adjektiv 1 / い-Adjektiv
Adj.2	Adjektiv 2 / な-Adjektiv
Adv.	Adverb
anat.	anatomisch
Biol.	Biologie
intrans.	intransitives Verb (braucht kein Objekt)
Kochk.	Kochkunst / japanisches Gericht
N	Nomen: Diese kann man mit dem Partikel の verbinden.
Npl.	Nomen im Plural
N+Zeit.	Nomen, das auch als Zeitangabe fungieren kann. In diesem Fall würde es am Satzanfang mit einem Komma (、) getrennt werden.
する N	Nomen, das mit Verb する eine Verbfunktion haben kann.
Rdw.	Redewendung
Schrift.	meistens im Schriftverkehr
Sprw.	Sprichwort
trans.	transitives Verb (braucht ein Objekt)
V	Verb
W	W-Frage
Zahl	Einfache Zahl. Die Verwendung im Satz ist nicht möglich.
Zahlw.	Zahlwörter: Diese Wörter werden zwischen Verb und Objekt eingesetzt. Können auch Nomenfunktion haben (mit Partikel の).
Zeit.	Zeitangabe: Diese Wörter werden normalerweise am Anfang des Satzes mit Komma und ohne Partikel eingesetzt. Können auch Nomenfunktion haben (mit Partikel の).
(カ)	Katakana

Aufbau der Seiten

10.

訓読(くんよ)みと音読(おんよ)みの言葉(ことば)を
使(つか)った文章(ぶんしょう)の例(れい)

Beispielsätze mit Wörtern
in Kun-Lesung (6.),
On-Lesung (8.)
und
Ausnahmelesung (7.)

11. Verwechselbare Zeichen

9.
Übungs-
muster

3.
音読(おんよ)み On-Lesung

1.
漢字(かんじ)
ein
Kanji
in Schreibschrift

2.
訓読(くんよ)み Kun-Lesung

4.
部首(ぶしゅ)
Radikal

5. 書(か)き順(じゅん)
Reihenfolge der Schrift

8.
音読(おんよ)みの言葉(ことば)
Wortbeispiele
in On-Lesung

7.
Ausnahme-
lesung

6.
訓読(くんよ)みの言葉(ことば)
Wortbeispiele
in Kun-Lesung

Erklärung der Felder

1. **Kanji**
   Hier sieht man das Zeichen, um das es auf dieser Seite geht, in der handgeschriebenen Form. So sieht das Zeichen aus, wenn es mit Pinsel oder Stift geschrieben wird. In Zeitungen, Büchern usw. wird allerdings üblicherweise Druckschrift verwendet. Diese beiden Schreibweisen unterscheiden sich geringfügig. Um das zu verdeutlichen, ist in den anderen Feldern das Kanji in Druckschrift abgebildet.
2. **Kun-Lesung**
   Die Kun-Lesung beschreibt die Kernbedeutung des Kanji an sich und wird in japanischen Lexika immer in Hiragana geschrieben. Kernlesung und Okurigana✱ sind mit einem • und großem Abstand voneinander getrennt.
3. **On-Lesung**
   Die On-Lesung beschreibt die Bedeutung nur in Verbindung mit anderen Zeichen oder Silben und wird in japanischen Lexika in Katakana geschrieben. Durch verschiedene Kombinationen entstehen neue Wörter, die jedoch immer einen Bezug zur Kernbedeutung haben. Diese Lesung ist mit • geschrieben (ohne Abstand) und zeigt Tonänderungen mit ゛und ゜.
4. **Radikal**
   Jedes Kanji enthält *ein* Radikal. Ein Radikal ist ein Elementarzeichen, welches die Zugehörigkeit des Kanji zu einer bestimmten Wortgruppe definiert.
5. **Strichfolge**
   Jedes Kanji besteht aus einer bestimmten Anzahl von Einzelstrichen, die in einer genau definierten Abfolge geschrieben werden. In den meisten Fällen beginnt man von links oben.
6. **Kun-Lesung**
   Ursprüngliche Bedeutung
7. **Ausnahmelesung**
8. **On-Lesung**
   Beispiele von Kombinationen mit anderen Kanji oder Silben
9. **Vorlage zum Nachschreiben**
10. **Satzbeispiele**
11. **Ähnliche Beispiele**
    Minimale Fehlschreibungen können zu Verwechslungen mit anderen Kanji führen.

Das Symbol ✱ deutet auf eine Erklärung auf der nächsten Seite hin.

✱Das sind die Hiraganateile der Grundform bei Verben und Adjektiven.

-漢字の見つけ方- (かんじのみつけかた)

(Wie kann man hier nach bestimmten Kanji suchen)

Ich biete Ihnen vier Möglichkeiten, ein gesuchtes Kanji nachzuschlagen:

1. Übersicht aller Kanji: -Seite 5-
   Hier finden Sie alle 100 Kanji auf einen Blick.

2. Strichanzahl des Kanji: -Seite 13-
   Sie suchen zum Beispiel das Kanji „ロ". Dazu müssen Sie erst herausfinden, wie viele Striche das Kanji hat. Hier sind es insgesamt drei, weil zwei von ihnen in einem Zug geschrieben werden.
   Die Strichanzahl wird mit 画 (かく) gezählt. Schlagen Sie bei 3画 (かく) (三画 (さんかく)) auf. Sie finden das Kanji dort zusammen mit vielen anderen, die aus drei Strichen bestehen. Davon ist eines das Kanji „ロ", das Sie suchen. Dort finden Sie auch die Seite, die dazugehört.

   Welche Striche werden als ein Strich gezählt?

   Versuchen Sie jetzt selbst 週 zu finden. Wie viele Striche hat es?
   Haben Sie es gefunden? Auf welcher Seite?

3. Strichanzahl des Radikals: -Seite 15-
   Jedes Kanji hat *ein* Radikal. Suchen Sie danach. Radikale stellen einen Teil eines Kanji dar und sind somit fest mit seiner Entstehung verbunden. Nehmen wir als Beispiel **男**. Dieses Kanji besteht aus zwei Teilen: **田** und **力**.
   Ersteres bedeutet „Reisfelder" und Letztes steht für „Kraft". Was können diese zwei Zeichen nun zusammen bedeuten? Die Antwort ist „Mann/Männer". Eins von ihnen ist das Radikal, nämlich **田**. Danach müssen Sie suchen. -Seite 20-
   Wenn Sie aber nicht wissen, welcher Teil das Radikal ist, dann könnte es etwas schwierig werden. Falls Sie erst **„力"** (二画 (にかく)) als Radikal aussuchen, finden Sie dort **男** nicht. Dann versuchen Sie es bei **„田"** (五画 (ごかく)) zu finden.

Die Platzierungsmöglichkeiten der Radikale (dunkler Teil) und ein paar Beispiele:

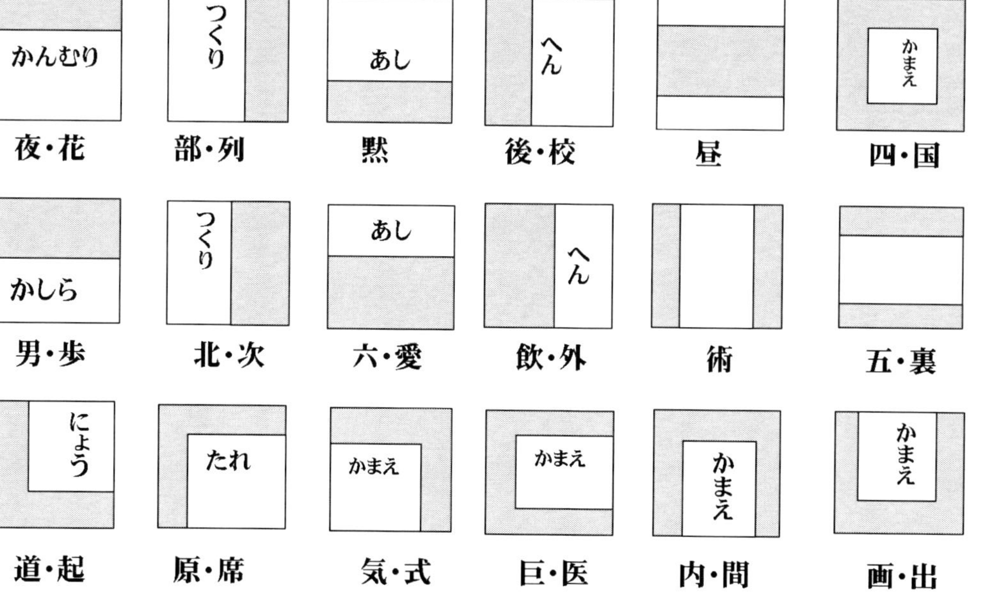

Die meisten Positionen haben einen Namen und auch jedes Radikal hat eine eigene Bezeichnung. Dabei gibt es Kanji, die zugleich auch ein Radikal sind, z.B. **人・八・口・日** usw. Meistens handelt es sich dabei um einfache Kanji.

4. On- oder Kun-Lesung:

-Seite 21-

Wenn Sie die On - oder Kun-Lesung kennen, können Sie mithilfe dieser nach Kanji suchen. Die Kanji sind im japanischen Alphabet entsprechend geordnet: **あ** bis **わ**

総画目次（そうかくもくじ）

七画

漢字	頁
来	八三
見	八七
男	一一七
何	一五一
花	一九七
売	二〇五
言	二一一
足	二五五

八画

漢字	頁
金	六五
学	一三五
門	一三九
雨	一八三
国	一九一
店	二〇三
英	二〇九
東	二三七

九画

漢字	頁
前	一六三
後	一六五
食	二三三
南	二四五
昼	二六三
屋	二〇一

十画

漢字	頁
校	一三七
時	一五三
書	二二七

十一画

漢字	頁
週	一七五
閉	一四九
魚	一九九
雪	一八五

十二画

漢字	頁
開	一四三
間	一五五
買	二〇七
雲	一八七
朝	二六一
飲	二二五

十三画

漢字	頁
電	一八九
話	二一三

十四画

漢字	頁
語	二二五
読	二三一
聞	一四一

十八画

漢字	頁
曜	一七三

部首分けの目次 (Strichanzahl des Radikals)

毋・母	なかれ・はは	毎	-167	母	-127
比	ひ・くらべる				
毛	け	毛	-259		
氏	うじ				
牙	きばへん				
气	きがまえ	気	-181		
水・氵	みず・さんずい	水	-61		
火・灬	ひへん・れんが	火	-59	魚	-199
爪・爫	つめがしら・つめかんむり				
父	ちち	父	-125		
爿	しょうへん				
片	かたへん				
牛・牜	うしへん				
犬・犭	いぬ・けものへん				
歹	かばねへん				
戸	とかんむり・とだれ				
手・扌	て・てへん	手	-253		
戈	ほこづくり				
心・⺗・忄	こころ				
支	しにょう・えだにょう				
王・玉	おうへん・たまへん				
礻・示	しめすへん				
罒 㓁 四	あみがらし				

	耂・老	おいかんむり		
	辶・辶	しんにょう・しんにゅう		
五画	玄	げん・くろ		
	玉・王	たまへん・おうへん		
	瓜	うり		
	瓦	かわら		
	甘	かん・あまい		
	生	うまれる	生	-133
	用	もちいる		
	田	たへん	男	-117
	疋	ひき		
	疒	やまいだれ		
	癶	はつがしら		
	白	しろ	百	-69
	皮	かわ・ひのかわ		
	示・ネ	しめすへん		
	皿	さらがまえ		
	目	めへん	目	-251
	矛	ほこへん		
	矢	やへん		
	石	いしへん		
	内	じゅうのあし		
	禾	のぎへん		

	穴	あなかんむり				
	立	たつへん				
	罒・⺳・网	あみがしら				
	母・毋	はは・なかれ	母	-127	毎	-167
	衣　衤	ころもへん				
六画	竹	たけかんむり				
	米	こめへん				
	糸	いとへん				
	舟	ふねへん				
	缶	ほとぎ				
	羽	はね				
	老・耂	おいかんむり				
	而	しこうして				
	耒	すきへん				
	耳	みみへん	耳	-257	聞	-141
	肉・月	にくづき				
	自	みずから				
	臼	うす・きょく				
	舌	したへん				
	聿	ふでづくり				
	至	いたる				
	艮	こんづくり				

	首	くび
	香	か・かおり
	韭	にら
十画	馬	うまへん
	骨	ほねへん
	高	たかい
	髟	かみがしら・かみかんむり
	鬲	れき・かなえ
	竜・龍	たつ
	鬯	ちょう
十一画	魚	うおへん
	鹿	しか
	麻	あさかんむり
	黄	き
	黒	くろ
	亀	かめ
	鹵	しお
	麥・麦	むぎ・ばくにょう
	鳥	とりへん

Es gibt noch vierzehn weitere Radikale, aber in diesem Buch werden sie nicht behandelt.

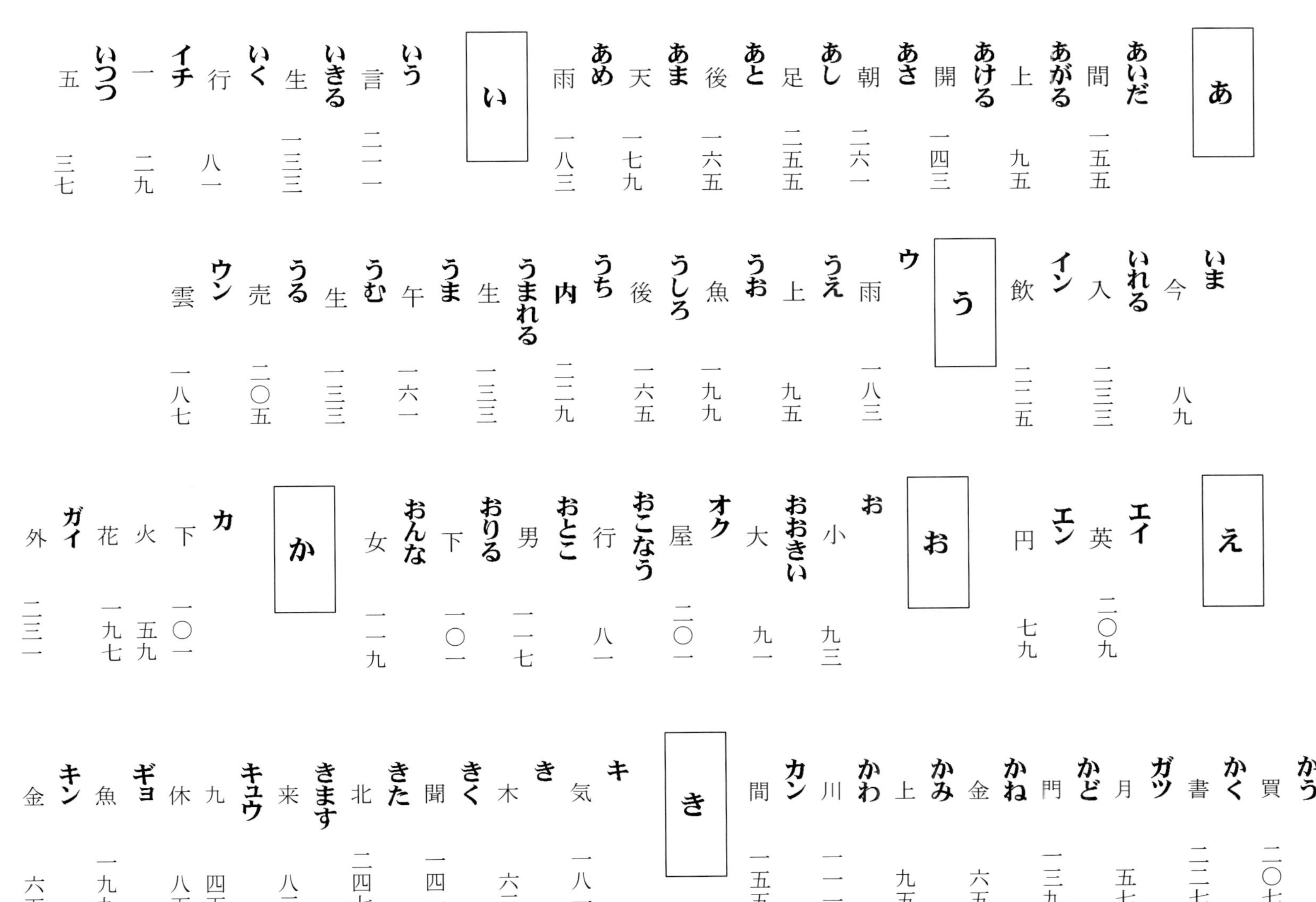

音訓目次（おんくんもくじ）

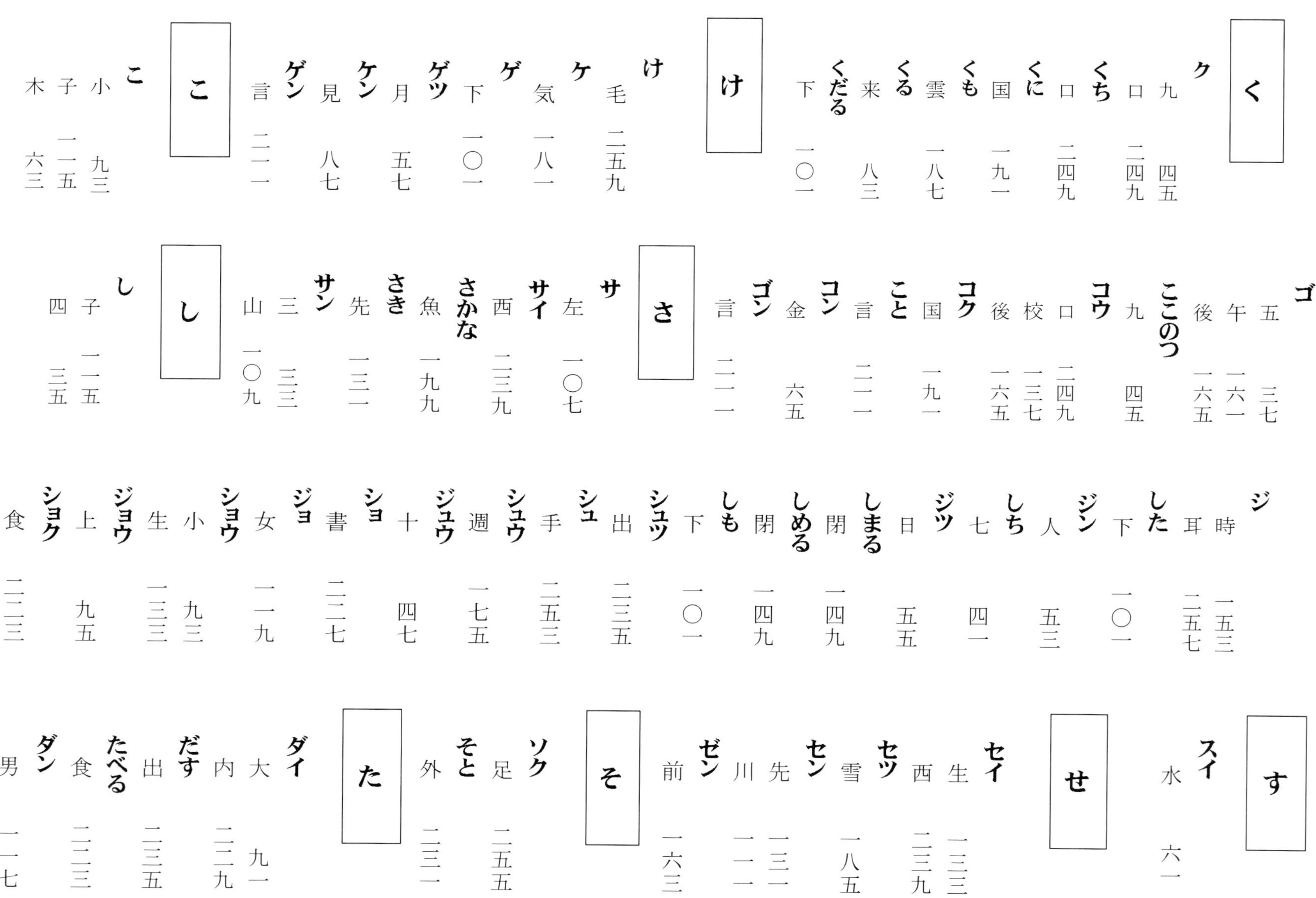

く

ク 九 四五 / 口 二四九
くち 口 二四九
くに 国 一九一
くも 雲 一八七
くる 来 八三
くだる 下 一〇一

け

け 毛 二五九
ケ 気 一八一
ゲ 下 一〇一
ゲツ 月 五七
ケン 見 八七
ゲン 言 二二一

こ

こ 小 九三 / 子 一一五 / 木 六三
ゴ 五 三七 / 午 一六一 / 後 一六五
ここのつ 九 四五
コウ 口 二四九 / 校 一三七 / 後 一六五
コク 国 一九一
こと 言 二二一
コン 金 六五
ゴン 言 二二一

さ

サ 左 一〇七
サイ 西 二三九
さかな 魚 一九九
さき 先 一三一
サン 三 三三 / 山 一〇九

し

し 子 一一五 / 四 三五
ジ 時 一五三 / 耳 二五七
した 下 一〇一
ジン 人 五三
しち 七 四一
ジツ 日 五五
しまる 閉 一四九
しめる 閉 一四九
しも 下 一〇一
シュツ 出 二三五
シュ 手 二五三
シュウ 週 一七五
ジュウ 十 四七
ショ 書 二二七
ジョ 女 一一九
ショウ 小 九三 / 生 一三三
ジョウ 上 九五
ショク 食 二二三

す

スイ 水 六一

せ

セイ 生 一三三 / 西 二三九
セツ 雪 一八五
セン 先 一三一 / 川 一二一
ゼン 前 一六三

そ

ソク 足 二五五
そと 外 二三一

た

ダイ 大 九一 / 内 二一九
だす 出 二三五
たべる 食 二二三
ダン 男 一一七

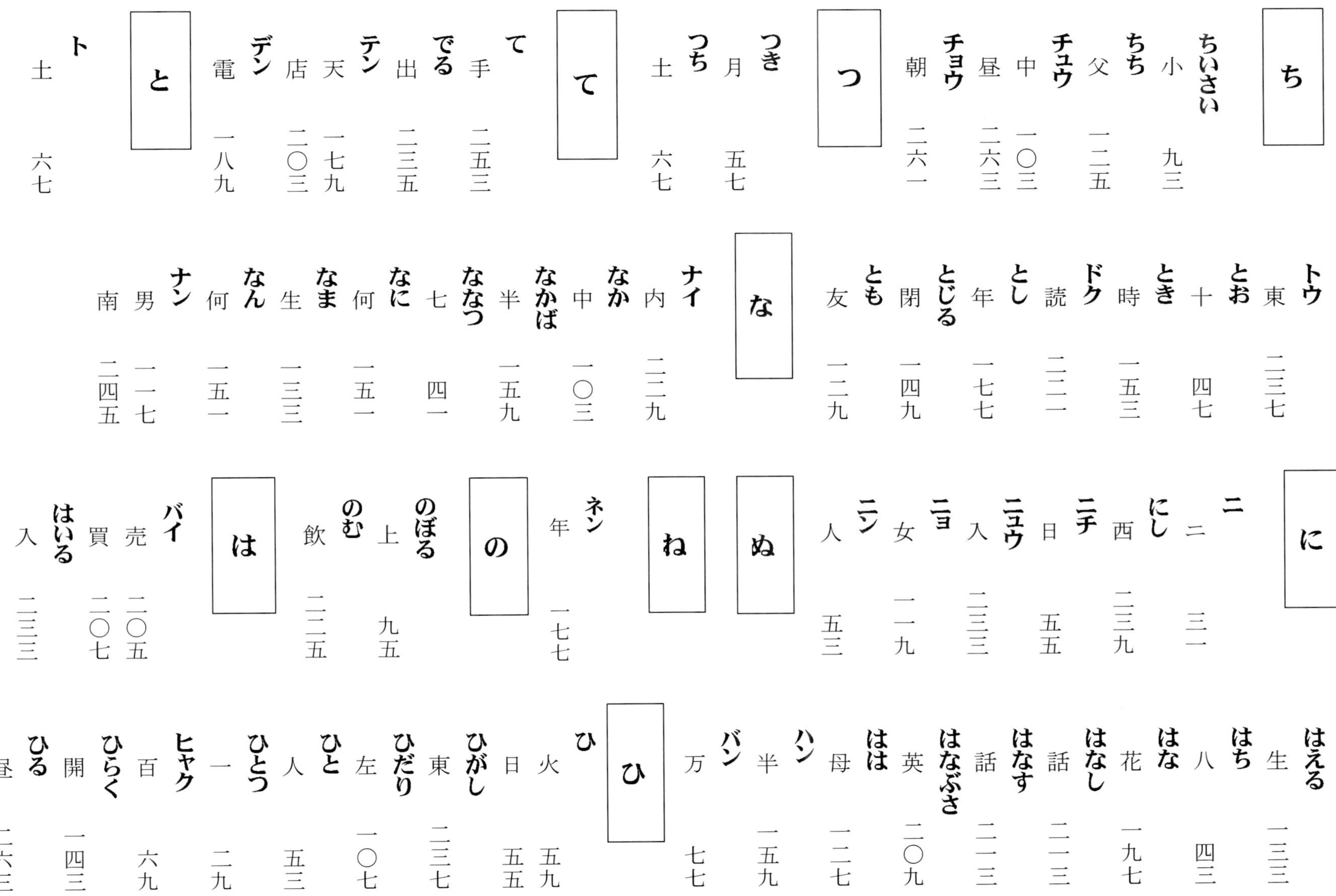

ち

ちいさい
小　九三
ちち
父　一二五
チュウ
中　一〇三
昼　二六三
チョウ
朝　二六一

つ

つき
月　五七
つち
土　六七

て

て
手　二五三
でる
出　二三五
テン
天　一七九
店　二〇三
デン
電　一八九

と

ト
土　六七
トウ
東　二三七
とお
十　四七
とき
時　一五三
ドク
読　二二一
とし
年　一七七
とじる
閉　一四九
とも
友　一二九

な

ナイ
内　二三九
なか
中　一〇三
なかば
半　一五九
ななつ
七　四一
なに
何　一五一
なま
生　一三三
なん
何　一五一
ナン
男　一一七
南　二四五

に

ニ
二　三一
にし
西　二三九
ニチ
日　五五
ニュウ
入　二三三
ニョ
女　一一九
ニン
人　五三

ぬ

ね

ネン
年　一七七

の

のぼる
上　九五
のむ
飲　二二五

は

バイ
売　二〇五
買　二〇七
はいる
入　二三三
はえる
生　一三三
はち
八　四三
はな
花　一九七
はなし
話　二一三
はなす
話　二一三
はなぶさ
英　二〇九
はは
母　一二七
ハン
半　一五九
バン
万　七七

ひ

ひ
火　五九
日　五五
ひがし
東　二三七
ひだり
左　一〇七
ひと
人　五三
ひとつ
一　二九
ヒャク
百　六九
ひらく
開　一四三
ひる
昼　二六三

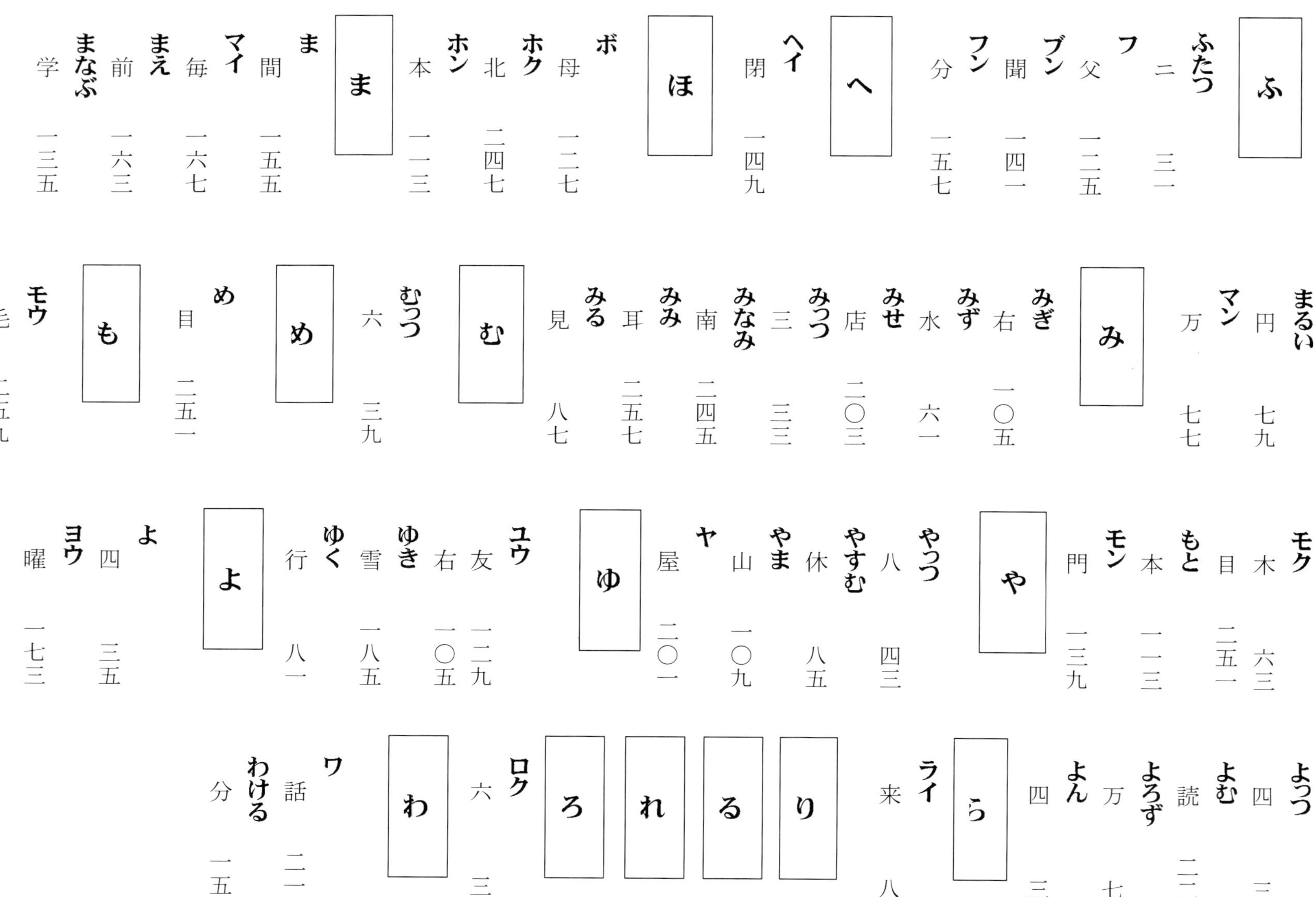

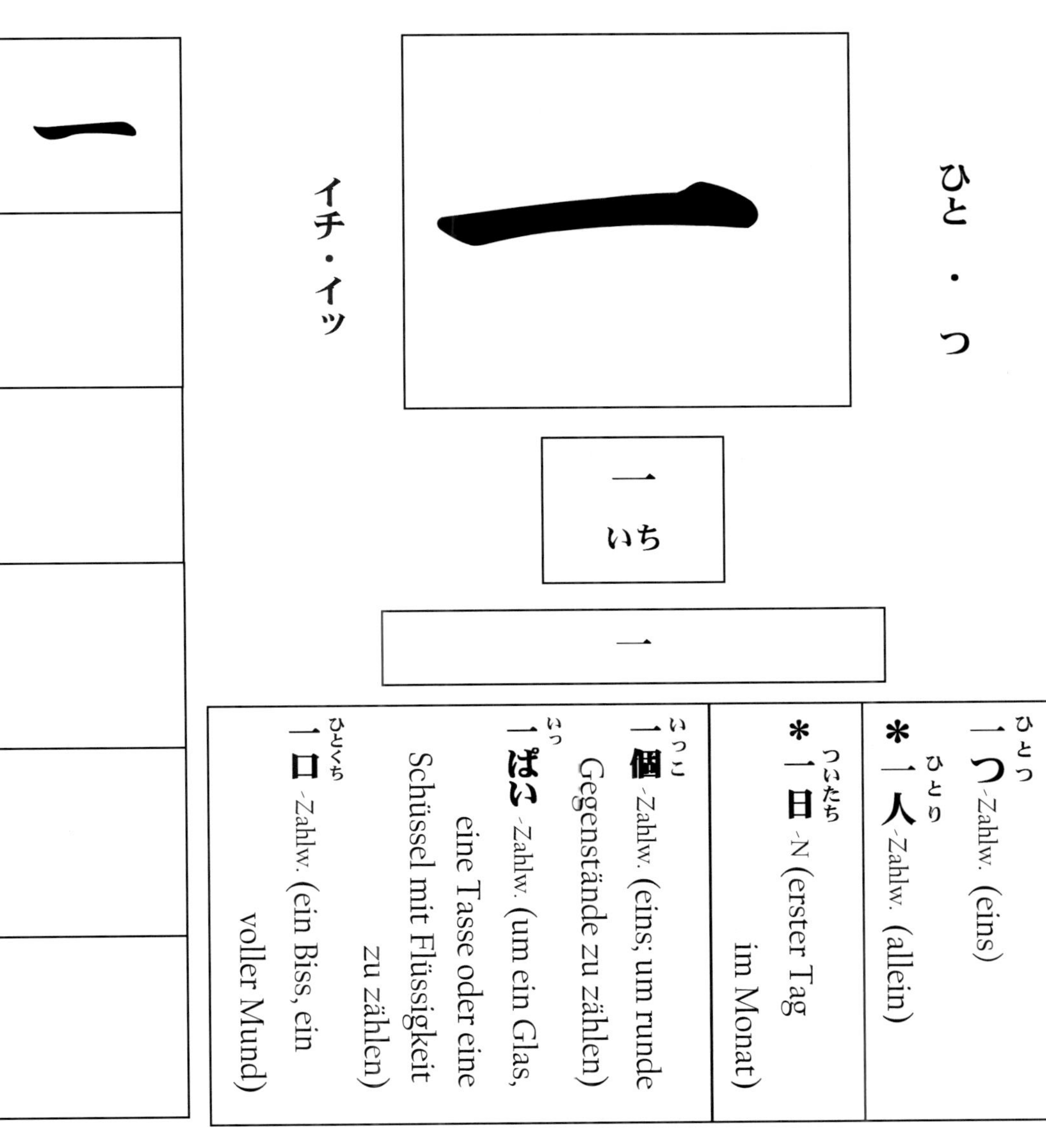

一つ（ひとつ） -Zahlw. (eins)

＊一人（ひとり） -Zahlw. (allein)

＊一日（ついたち） -N (erster Tag im Monat)

一個（いっこ） -Zahlw. (eins; um runde Gegenstände zu zählen)

一ぱい（いっぱい） -Zahlw. (um ein Glas, eine Tasse oder eine Schüssel mit Flüssigkeit zu zählen)

一口（ひとくち） -Zahlw. (ein Biss, ein voller Mund)

一、あの子（こ）は、いつも一人（ひとり）ぼっちだ。

二、ボールが一（ひと）つ足（た）りません。

三、今日（きょう）は、一月一日（いちがつついたち）です。

四、りんごを一個（いっこ）おねがいします。

五、ジュースを一（いっ）ぱい下（くだ）さい。

六、卵（たまご）を一口（ひとくち）で食（た）べた。

1. Das Kind ist immer alleine.
2. Hier fehlt ein Ball.
3. Heute ist der erste Januar.
4. Ich möchte einen Apfel.
5. Ich möchte ein Glas Saft.
6. Ich habe mit einem Biss das ganze Ei gegessen.

＊一日(ついたち) - Bitte beachten: Ausnahmelesung

＊一人(ひとり) - 一(ひと) Ist keine Ausnahmelesung. 人(り) ist allerdings eine Ausnahmelesung - siehe 人.

次(つぎ)の言葉(ことば)を使(つか)って、文(ぶん)を作(つく)りましょう。

一、一つ

二、一人

三、一月

四、一日

五、一個

六、一口

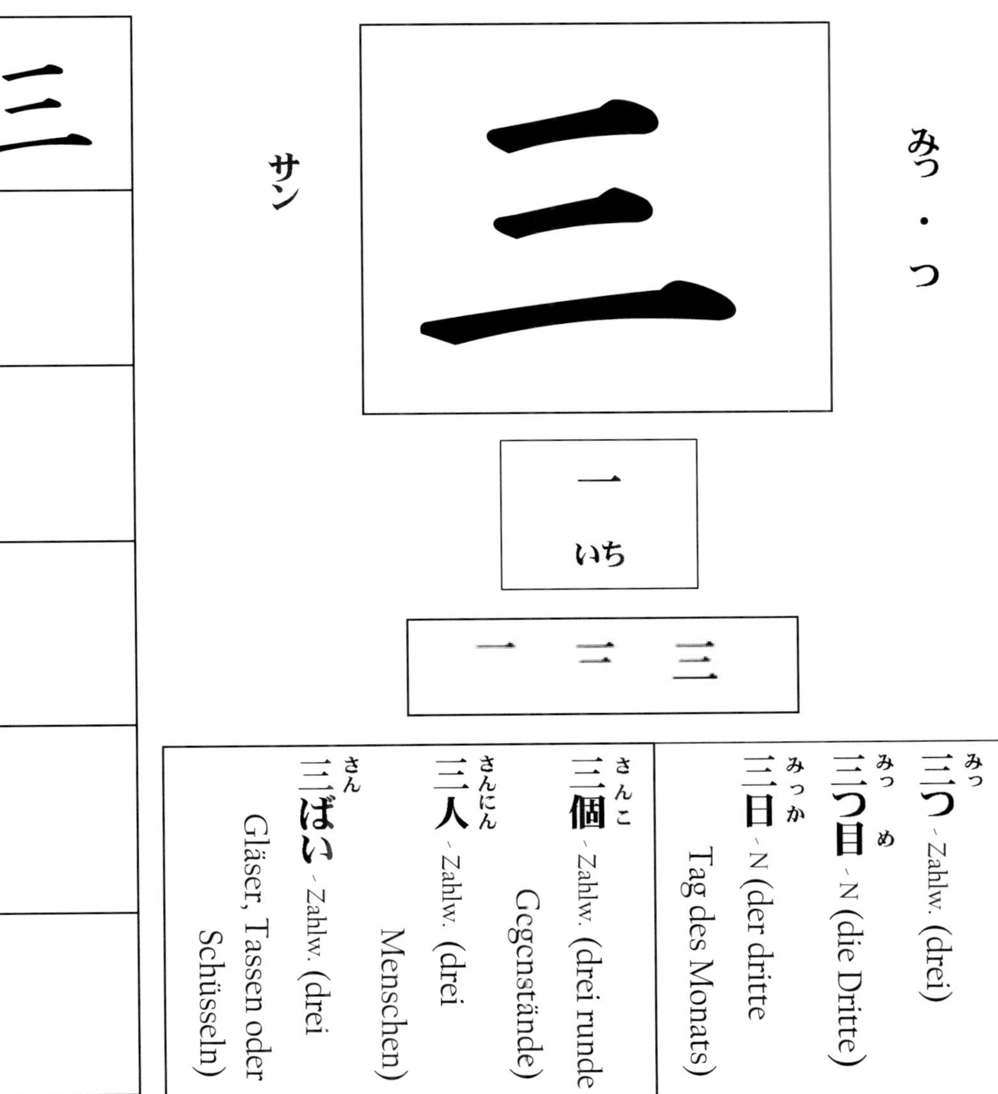

三つ（みっ） - Zahlw. (drei)

三つ目（みつめ） - N (die Dritte)

三日（みっか） - N (der dritte Tag des Monats)

三個（さんこ） - Zahlw. (drei runde Gegenstände)

三人（さんにん） - Zahlw. (drei Menschen)

三（さん）ばい - Zahlw. (drei Gläser, Tassen oder Schüsseln)

一、みかんを三（みっ）つ下（くだ）さい。

二、明日（あした）は、三月三日（さんがつみっか）で＊ひなまつりです。

三、三（みっ）つ目（め）のかどに銀行（ぎんこう）があります。

四、そのりんごは、三個（さんこ）で、九百円（きゅうひゃくえん）です。

五、私（わたし）の家族（かぞく）は三人家族（さんにんかぞく）です。

六、今朝（けさ）、三（さん）ばい、ごはんを食（た）べました。

1. Geben Sie mir bitte drei Mandarinen.
2. Morgen ist der dritte März und es ist Hinamatsuri*.
3. An der dritten Ecke gibt es eine Bank.
4. Drei Äpfel kosten 900 Yen.
5. Meine Familie besteht aus drei Mitgliedern.
6. Ich habe heute Morgen drei Schüsseln gekochten Reis gegessen.

*ひな祭り(まつ) - siehe 五

次(つぎ)の言葉(ことば)を使(つか)って文(ぶん)を作(つく)りましょう。

一、三つ

二、三日

三、三月

四、三個

五、三人

六、三ばい

よっ・つ
よん
よ

四

シ

口
くにがまえ

丨 冂 四 四 四

- 四つ（よっつ） -Zahlw. (vier)
- 四本（よんほん） -Zahlw.(vier lange Gegenstände)
- 四冊（よんさつ） -Zahlw. (vier Bücher)
- 四日（よっか） -N (vierter Tag des Monats)
- 二十四日（にじゅうよっか） -N (24. des Monats)
- 四月（しがつ） -N (Monat April)

四

一、小皿（こざら）を四（よっ）つおねがいします。

二、へやに四（よっ）つのかべがあります。

三、ビールを四本下（よんほんくだ）さい。

四、本（ほん）を四冊（よんさつ）かりました。

五、来月（らいげつ）の四日（よっか）は、日曜日（にちようび）です。

六、四月二十四日（しがつにじゅうよっか）は、母（はは）のたん生日（じょうび）です。

1. Ich möchte gerne vier kleine Teller.
2. Der Raum hat vier Wände.
3. Ich möchte vier Flaschen Bier.
4. Ich habe vier Bücher ausgeliehen.
5. Der vierte Tag im nächsten Monat ist ein Sonntag.
6. Der 24. April ist der Geburtstag meiner Mutter.

次の言葉を使って文を作りましょう。

一、四つ

二、四本

三、四冊

四、四日

五、二十四日

六、四月

いつ・つ
いつ

ゴ

五

ニ
に

一　丅　五　五

五つ -Zahlw. (fünf)	五人 -Zahlw. (fünf Menschen)
五日 -N (fünfter Tag des Monats)	五才 -N (fünf Jahre alt)
	五個 -Zahlw. (fünf runde Gegenstände)
	五月 -N (Monat Mai)

五

一、おわんを五つ出して下さい。
二、あのかごの中にみかんが五つ入っています。
三、五月五日は、＊子どもの日で、休日です。
四、さのさんは、五人家族です。
五、息子が、五才になりました。
六、パイナップルを五個おねがいします。

次の言葉を使って、文を作りましょう。

一、五つ

二、五日

三、五月

四、五人

五、五才

六、五個

1. Holen Sie bitte fünf Schüsseln heraus.
2. In dem Korb sind fünf Mandarinen.
3. Der 5. Mai ist Kodomonohi* und Feiertag.
4. Herrn Sanos Familie hat fünf Mitglieder.
5. Mein Sohn ist fünf Jahre alt geworden.
6. Ich hätte gerne fünf Ananas.

***子供の日** - 5. Mai ist japanischer Feiertag. Schreibt sich „Kindertag", bedeutet aber eigentlich „Jungentag". „Mädchentag" ist 3. März und nennt sich „Hinamatsuri".

む
むい
むっ・つ

ロク・ロッ

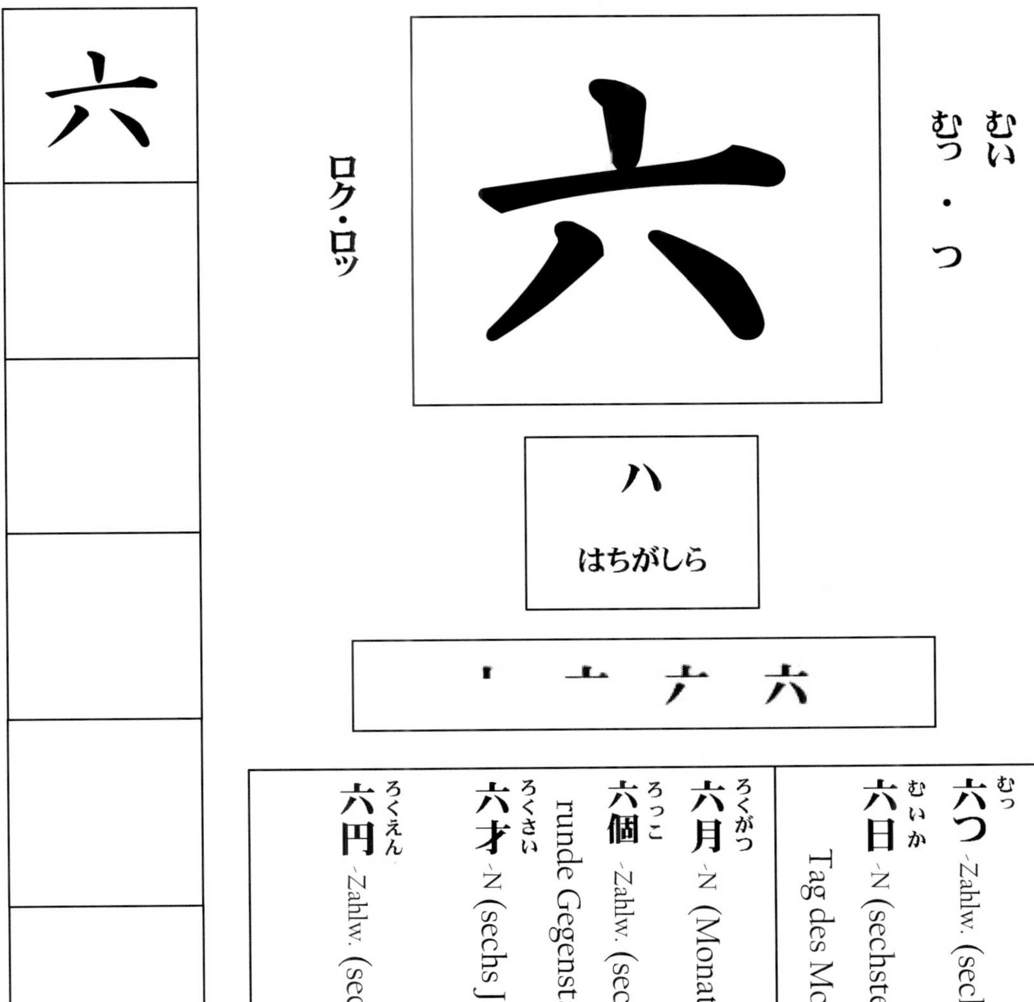

六

ハ
はちがしら

丶 亠 六 六

- 六つ(むっつ) -Zahlw. (sechs)
- 六日(むいか) -N (sechster Tag des Monats)
- 六月(ろくがつ) -N (Monat Juni)
- 六個(ろっこ) -Zahlw. (sechs runde Gegenstände)
- 六才(ろくさい) -N (sechs Jahre alt)
- 六円(ろくえん) -Zahlw. (sechs Yen)

一、そこに石(いし)が六(むっ)つありました。

二、今度(こんど)の六日(むいか)は、月曜日(げつようび)です。

三、また六月(ろくがつ)に会(あ)いましょう。

四、六個(ろっこ)で三百円(さんびゃくえん)です。

五、あの男(おとこ)の子(こ)は、六才(ろくさい)です。

六、六円(ろくえん)のおつりです。

次の言葉を使って、文を作りましょう。

一、六つ

二、六日

三、六月

四、六個

五、六才

六、六円

1. Dort gab es sechs Steine.
2. Der sechste Tag des nächsten Monats ist ein Montag.
3. Lass uns im Juni wiedersehen.
4. Sechs Stück kosten 300 Yen.
5. Der Junge ist sechs Jahre alt.
6. Hier sind sechs Yen zurück.

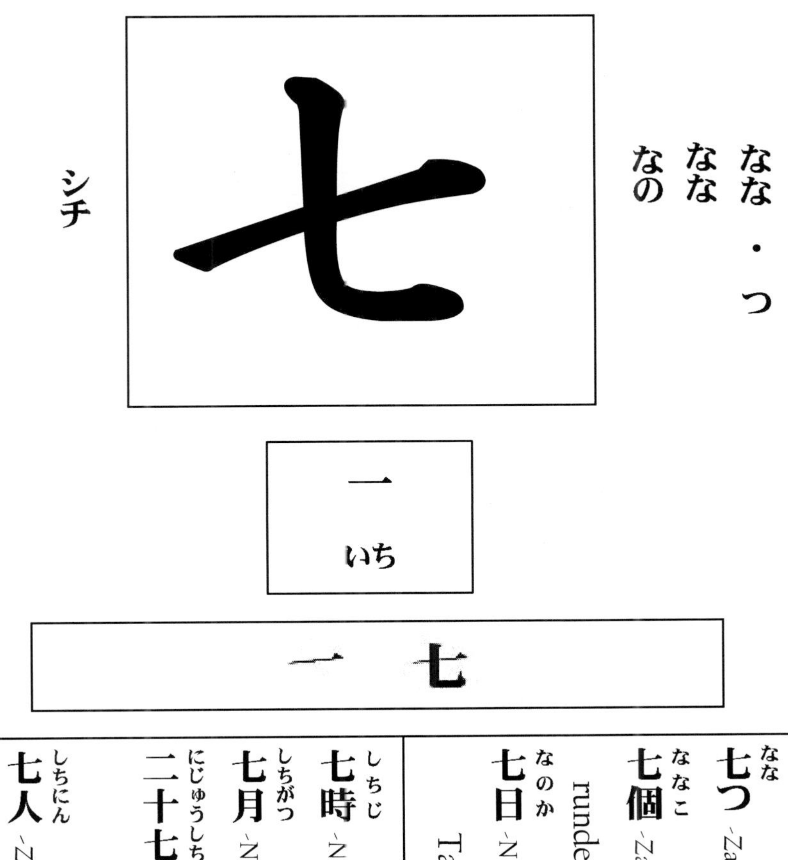

七つ(なな) -Zahlw. (sieben)	七時(しちじ) -N (sieben Uhr)
七個(ななこ) -Zahlw. (sieben runde Gegenstände)	七月(しちがつ) -N (Monat Juli)
七日(なのか) -N (siebter Tag des Monats)	二十七日(にじゅうしちにち) -N (27. des Monats)
	七人(しちにん) -Zahlw. (sieben Menschen)

七

一、テーブルの上(うえ)にコップ(こっぷ)が七(なな)つあります。

二、七月七日(しちがつなのか)は、七夕(たなばた)です。

三、明日(あした)は、七五三(しちごさん)です。

四、朝(あさ)、七時(しちじ)におきました。

五、七月二十七日(しちがつにじゅうしちにち)は、日曜日(にちようび)です。

六、あのへやに子(こ)どもが七人(しちにん)います。

次の言葉を使って、文を作りましょう。

一、七つ
二、七日
三、七月
四、七時
五、七個
六、七人

1. Es stehen sieben Gläser auf dem Tisch.
2. Am siebten Juli ist Tanabata.
3. Morgen ist Shichigosan*.
4. Ich bin heute Morgen um sieben Uhr aufgestanden.
5. Der 27. Juli ist ein Sonntag.
6. In diesem Zimmer sind sieben Kinder.

*七夕(たなばた) - siehe 天(てん)

*七五三(しちごさん) - Ursprünglich sind Drei, Fünf und Sieben einfach Glückszahlen. In Japan besuchen Mädchen im Alter von drei und sieben Jahren gekleidet in einen traditionellen Kimono einen Tempel, um für eine glückliche Zukunft zu beten. Die Jungen machen dies mit fünf Jahren.

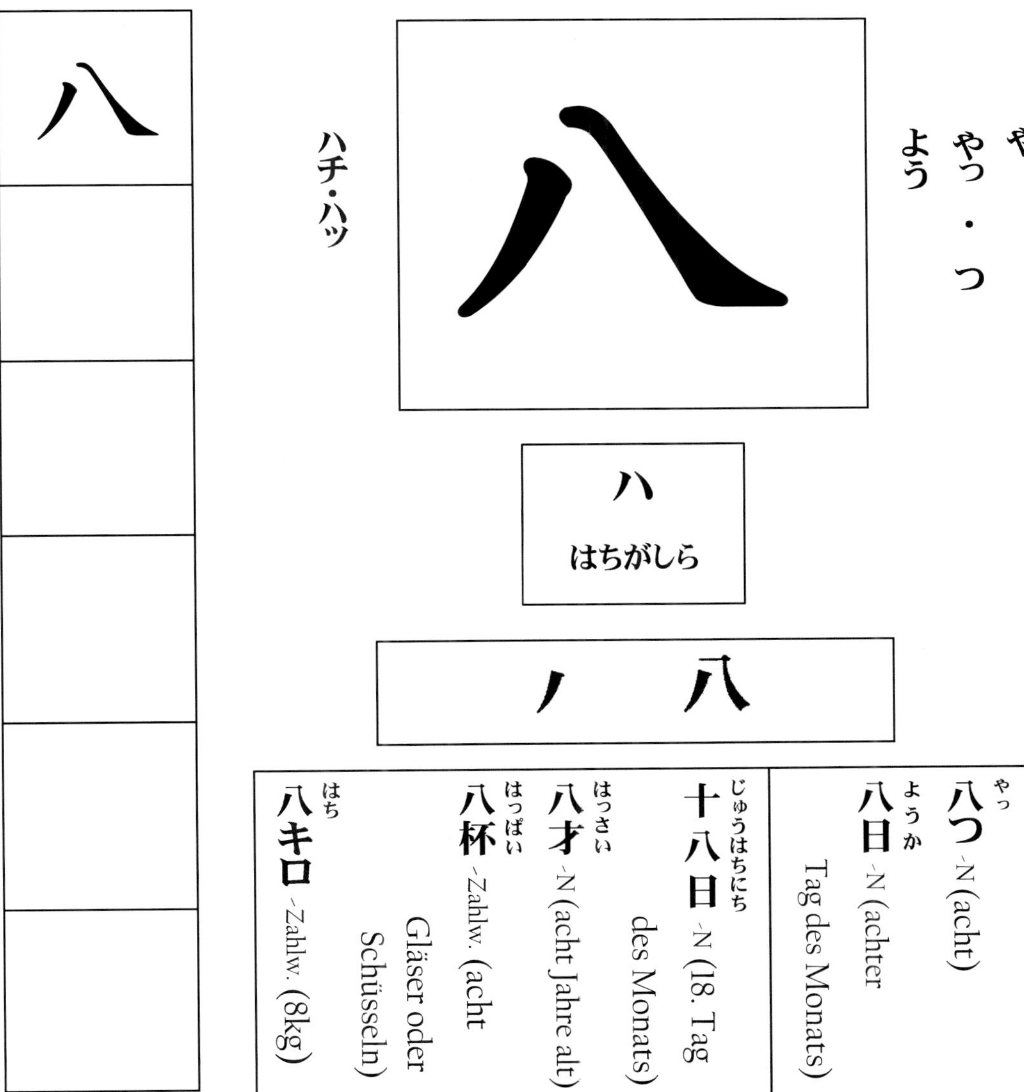

や
やっ・つ
よう

ハチ・ハッ

八

ハ
はちがしら

ノ　八

八つ（やっ）-N (acht)
八日（ようか）-N (achter Tag des Monats)
十八日（じゅうはちにち）-N (18. Tag des Monats)
八才（はっさい）-N (acht Jahre alt)
八杯（はっぱい）-Zahlw. (acht Gläser oder Schüsseln)
八キロ（はち）-Zahlw. (8kg)

一、お皿（さら）を八つ（やっ）よういして下（くだ）さい。
二、また、来月（らいげつ）の八日（ようか）に来（き）て下（くだ）さい。
三、今度（こんど）の十八日（じゅうはちにち）は、火曜日（かようび）です。
四、うちの子（こ）は、おととい八つ（やっ）になりました。
五、「もう八杯目（はっぱいめ）ですよ。」
六、まだ、八キロ（はちきろ）ですね。

八・人入ハ

1. Stelle uns bitte acht Teller bereit.
2. Kommen Sie bitte am 8. des nächsten Monats.
3. Der nächste 18. ist ein Dienstag.
4. Mein Kind ist vorgestern acht Jahre alt geworden.
5. Das ist schon der achte Nachschlag.
6. Es sind erst acht Kilo.

次(つぎ)の言葉(ことば)を使(つか)って、文(ぶん)を作(つく)りましょう。

一、八つ

二、八日

三、八月

四、八才

五、八杯

六、八キロ

九

ここの・つ

キュウ　ク

乙
おつ

ノ　九

九つ（ここの） -Zahlw. (neun)	九日（ここのか） -N (neunter Tag des Monats)
九個（きゅうこ） -Zahlw. (neun runde Gegenstände)	九人（きゅうにん） -Zahlw. (neun Menschen)
九杯（きゅうはい） -Zahlw. (neun Gläser oder Schüsseln)	九月（くがつ） -N (Monat September)
九時（くじ） -N (neun Uhr)	

九

一、かべに絵（え）が九（ここの）つあります。

二、あさっては、九月九日（くがつここのか）です。

三、九個（きゅうこ）で九百円（きゅうひゃくえん）です。

四、九人（きゅうにん）のこって下（くだ）さい。

五、お酒（さけ）を九（きゅう）はい飲（の）みました。

六、まだ、九（ここの）つあります。

1. An der Wand hängen neun Bilder.
2. Übermorgen ist der 9. September.
3. Neun Stück kosten 900 Yen.
4. Neun Personen sollen bitte hier bleiben.
5. Ich habe neun Tassen Sake getrunken.
6. Es sind noch neun Stück.

次の言葉を使って、文を作りましょう。

一、九つ

二、九日

三、九月

四、九個

五、九人

六、九はい

とお

ジュウ
ジュツ

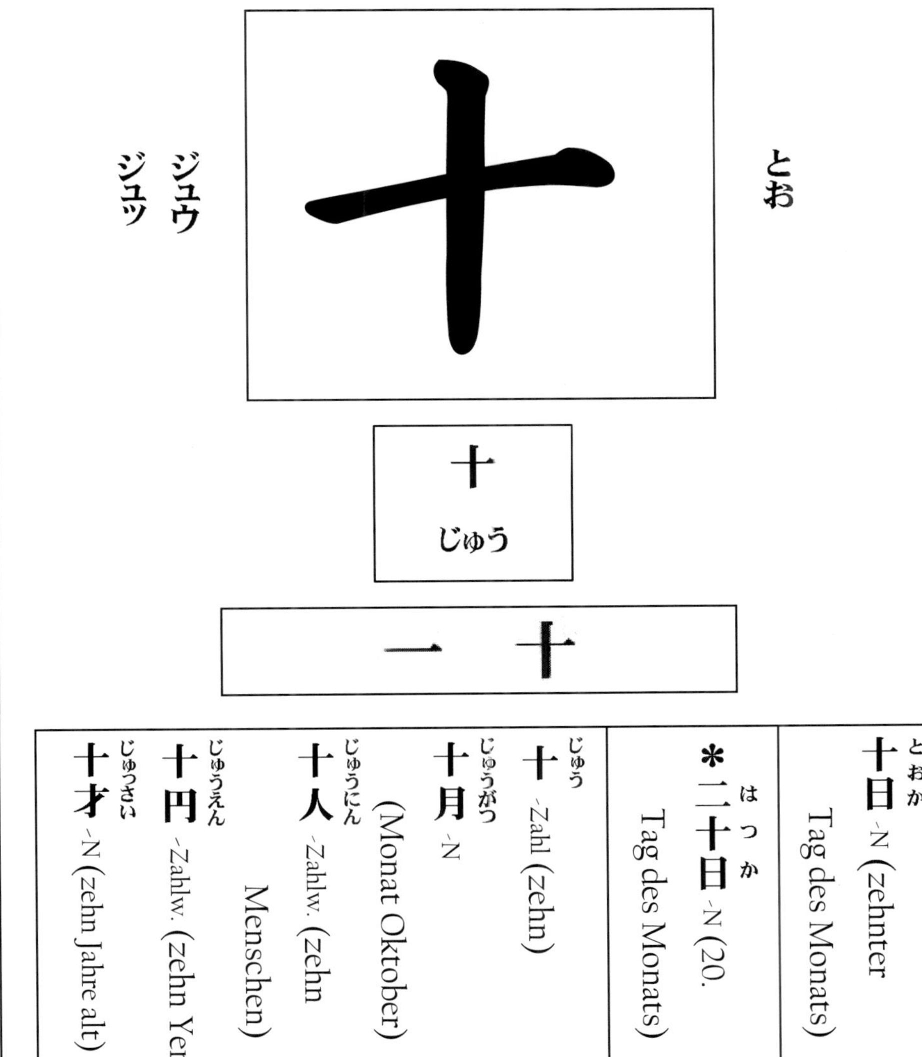

十
じゅう

一 十

十日(とおか) -N (zehnter Tag des Monats)	*二十日(はつか) -N (20. Tag des Monats)	十(じゅう) -Zahl (zehn) 十月(じゅうがつ) -N (Monat Oktober) 十人(じゅうにん) -Zahlw. (zehn Menschen) 十円(じゅうえん) -Zahlw. (zehn Yen) 十才(じゅっさい) -N (zehn Jahre alt)

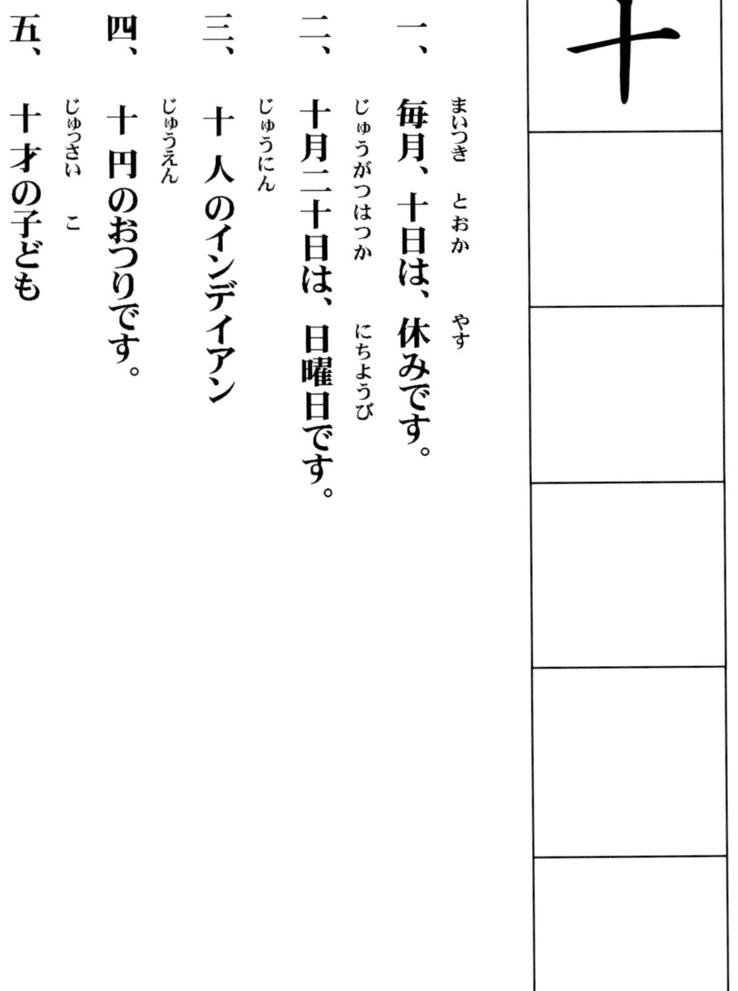

一、毎月(まいつき)、十日(とおか)は、休(やす)みです。

二、十月二十日(じゅうがつはつか)は、日曜日(にちようび)です。

三、十人(じゅうにん)のインデイアン

四、十円(じゅうえん)のおつりです。

五、十才(じゅっさい)の子(こ)ども

六、ビールを十(じゅっ)ぱいおねがいします。

1. Am 10. jeden Monats ist Ruhetag.
2. Der 20. Oktober ist ein Sonntag.
3. zehn Indianer
4. Zehn Yen zurück.
5. ein zehnjähriges Kind
6. Ich hätte gerne zehn Bier.

*二十日(はつか)- Bitte beachten: Ausnahmelesung. Bitte nicht mit 二日(ふつか) und 二十日(はつか), 八日(ようか) und 四日(よっか) verwechseln.

次(つぎ)の言葉(ことば)を使(つか)って、文(ぶん)を作(つく)りましょう。

一、十日

二、二十日

三、十人

四、十円

五、十才

六、十回

復習問題（ふくしゅうもんだい）

一、今日（きょう）、［（いち）　］リットルぐらいお水（みず）を飲（の）みました。

二、テーブルの上にみかんが［（ひと）つ］あります。

三、あのビルの［（に）かい］にアミーゴというきっさてんがあります。

四、［（ふた）人（り）］でさんぽをしました。

五、［（みっ）つ目（め）］のしんごうを右（みぎ）にまがって下（くだ）さい。

六、［（し）月（がつ）（みっ）日（か）］にまた会（あ）いましょう。

七、うちのにわにナシの木（き）が［（よん）本（ほん）］あります。

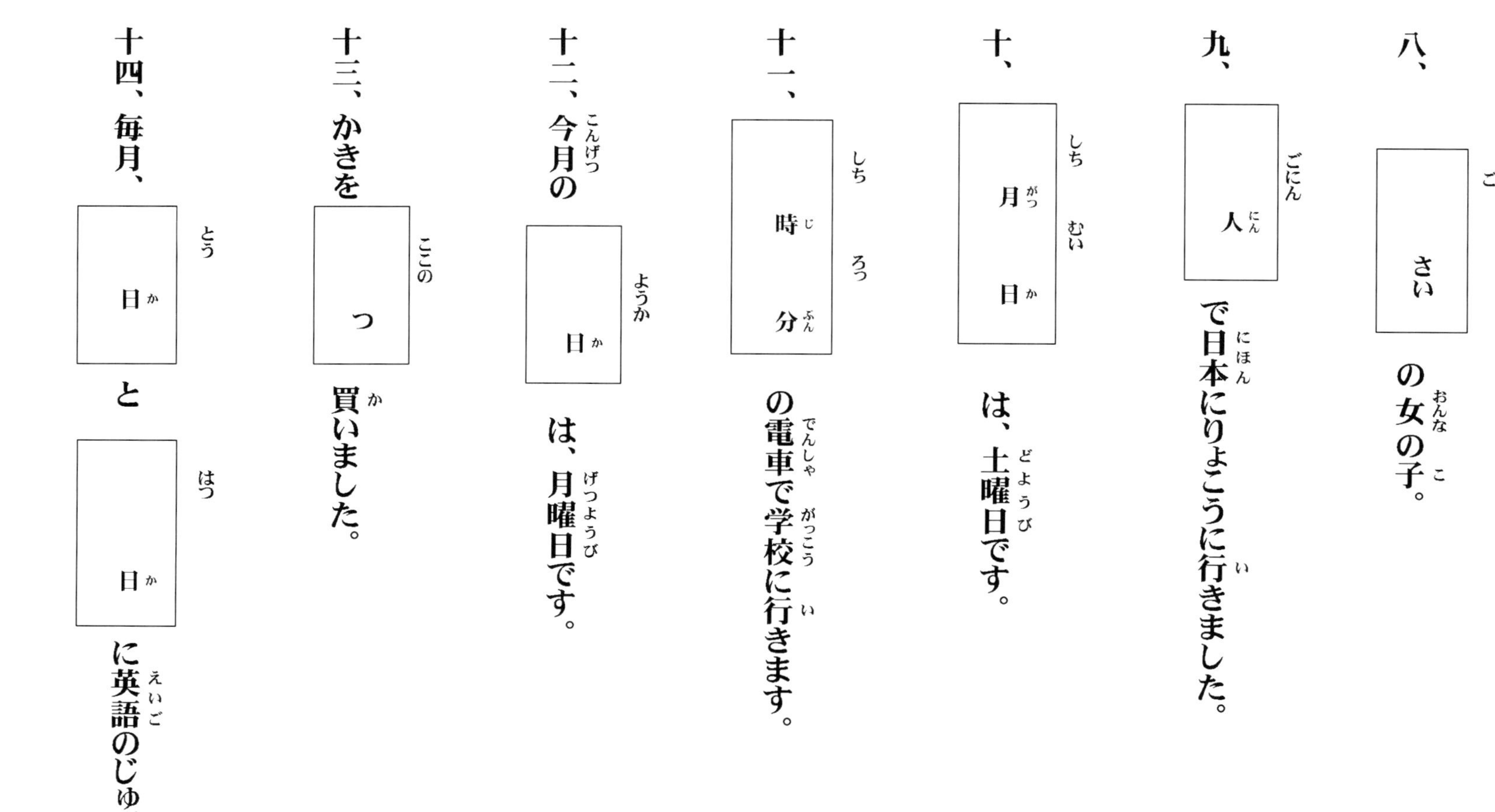

八、（ご）さいの女の子。

九、（ごにん）人で日本にりょこうに行きました。

十、（しち）月（むい）日は、土曜日です。

十一、（しち）時（ろっ）分の電車で学校に行きます。

十二、今月の（ようか）日は、月曜日です。

十三、かきを（ここの）つ買いました。

十四、毎月、（とう）日と（はつ）日に英語のじゅぎょうがあります。

十	九	八	七	六	五	四	三	二	一

Antwort

一、一
二、一つ
三、二かい
四、二人
五、三つ目
六、四月三日
七、四本
八、五さい
九、五人
十、四月六日
十一、七時六分
十二、八日
十三、九つ
十四、十日、二十日

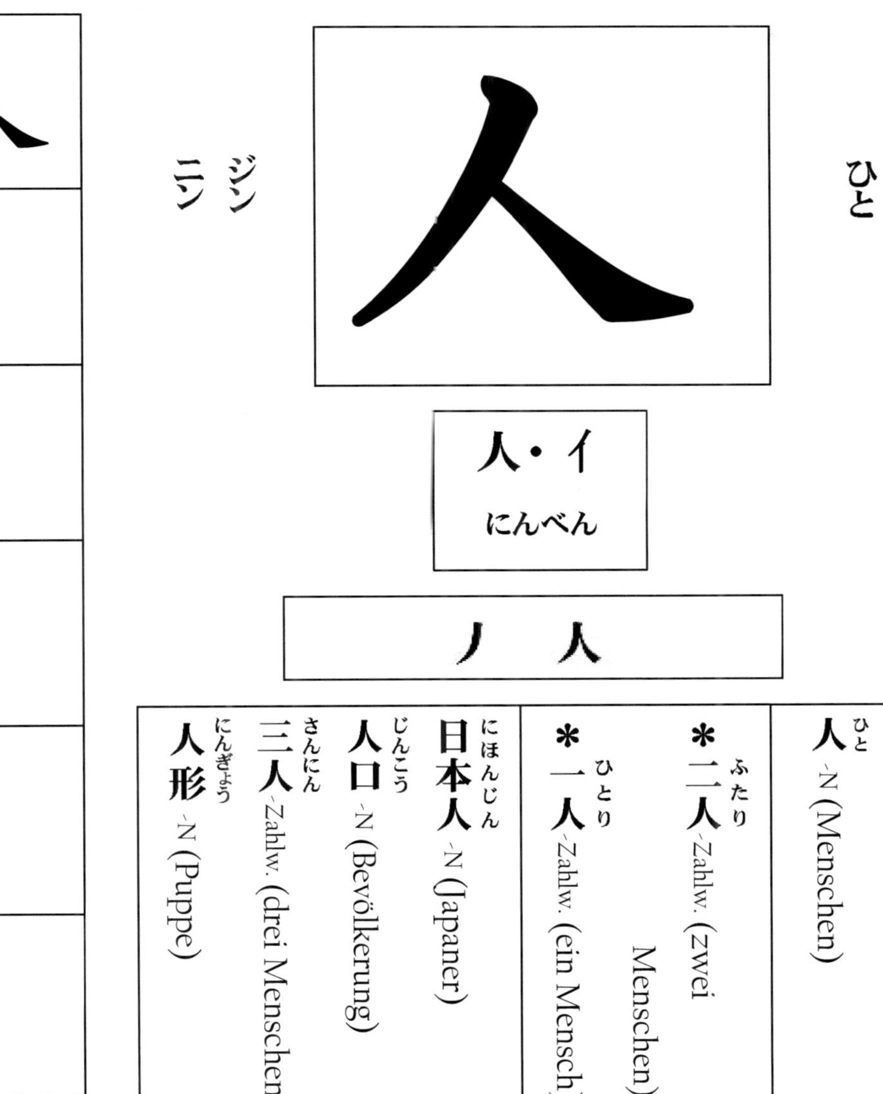

一、あのへやに、人が大(おお)ぜいいます。

二、二人(ふたり)でさんぽに行(い)きました。

三、一人(ひとり)ぼっちの女(おんな)の子(こ)

四、彼女(かのじょ)は、日本人(にほんじん)です。

五、こうえんに男(おとこ)の子(こ)が、三人(さんにん)います。

六、人形(にんぎょう)がならんでいます。

人・入八

1. In dem Zimmer sind viele Menschen.
2. Wir sind zu zweit spazieren gegangen.
3. ein einzelnes Mädchen
4. Sie ist eine Japanerin.
5. In dem Park sind drei Jungen.
6. Dort stehen viele Puppen.

*二人（ふたり） - Bitte beachten: Ausnahmelesung

*一人（ひとり） - Bitte beachten: Ausnahmelesung

次の言葉を使って、文をつくりましょう。

一、人

二、一人

三、二人

四、日本人

五、人口

六、人形

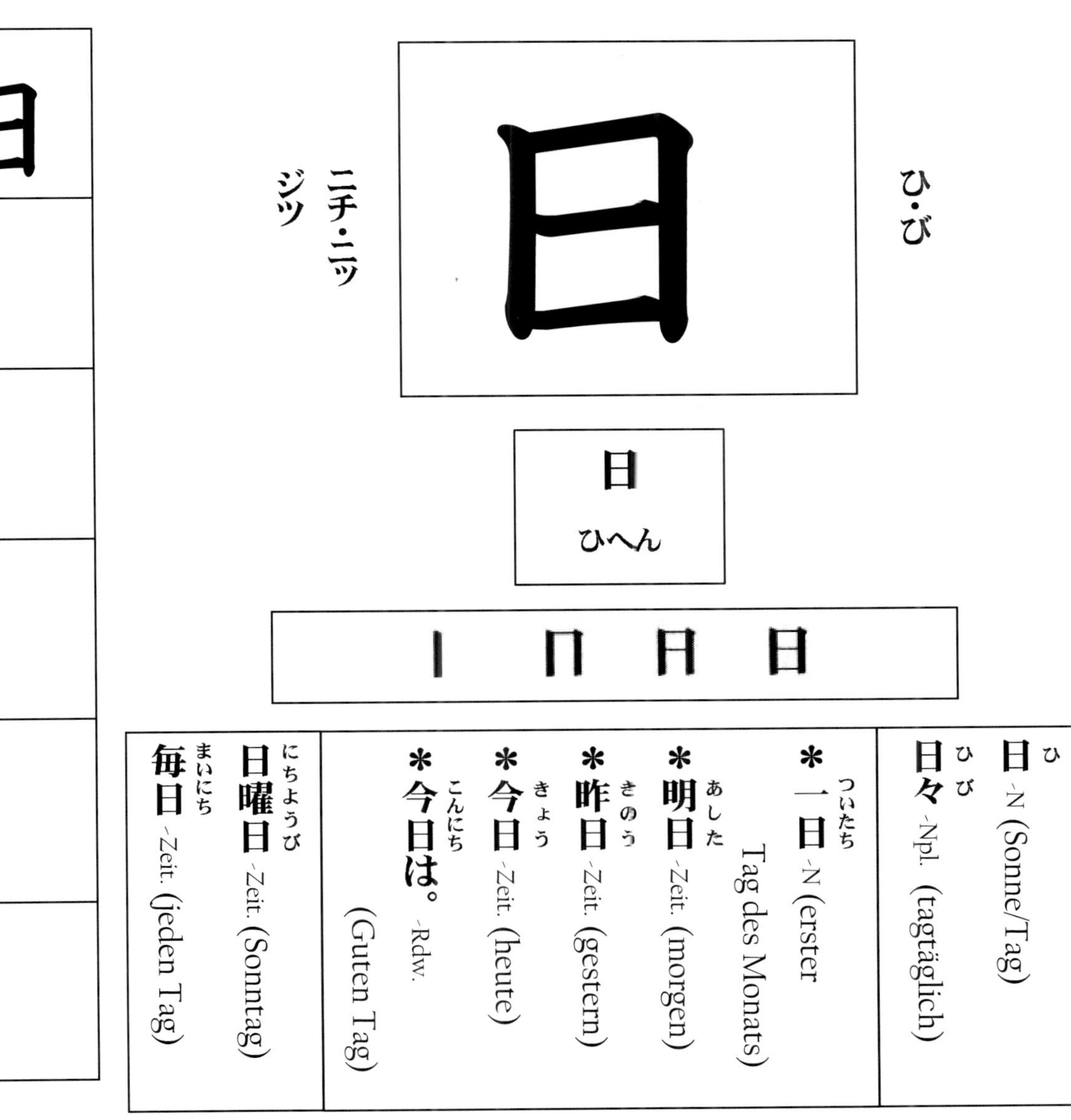

日（ひ） -N (Sonne/Tag)
日々（ひび） -Npl. (tagtäglich)

* 一日（ついたち） -N (erster Tag des Monats)
* 明日（あした） -Zeit. (morgen)
* 昨日（きのう） -Zeit. (gestern)
* 今日（きょう） -Zeit. (heute)
* 今日（こんにち）は。 -Rdw. (Guten Tag)

日曜日（にちようび） -Zeit. (Sonntag)
毎日（まいにち） -Zeit. (jeden Tag)

一、日（ひ）が、おちた。

二、楽（たの）しい日々（ひび）をすごしました。

三、一月一日（いちがつついたち）は、元旦（がんたん）です。

四、明日（あした）は、日曜日（にちようび）です。

五、きのう、町（まち）に行（い）きました。

六、毎日（まいにち）、朝六時（あさろくじ）におきます。

1. Die Sonne ist untergegangen.
2. Ich habe fröhliche Tage verbracht.
3. Der erste Januar ist der Anfang des neuen Jahres.
4. Morgen ist ein Sonntag.
5. Gestern war ich in der Stadt.
6. Ich stehe jeden Morgen um sechs Uhr auf.

Alle * - Bitte beachten: Ausnahmelesung

*今日(こんにち)は。- Redewendung „Guten Tag“, wird gelesen: „konnichiwa“.

次の言葉を使って、文をつくりましょう。

一、日

二、一日

三、今日

四、昨日

五、日曜日

六、毎日

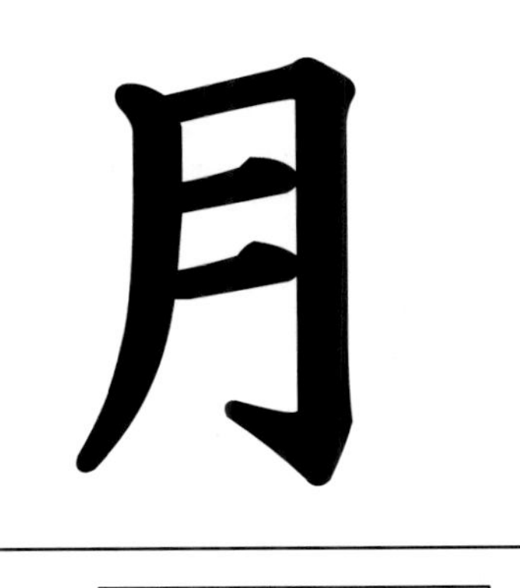

つき・づき

ゲツ
ガツ

月
にくづき
つきへん

丿　冂　月　月

月(つき) -N (Mond/Monat) 毎月(まいつき) -Zeit (jeden Monat) 三日月(みかづき) -N (sichelförmiger Mond)	今月(こんげつ) -Zeit (diesen Monat) 一月(いちがつ) -N (Monat Januar) 月末(げつまつ) -Zeit. (Monatsende) まん月(げつ) -N (Vollmond)

月

一、このまどから月(つき)がよく見(み)えます。

二、一月(いちがつ)は、一(いち)ばんさいしょの月(つき)です。

三、毎月(まいつき)、一日(ついたち)は、休(やす)みです。

四、美(うつく)しいまん月(げつ)を見(み)ています。

五、また、月末(げつまつ)に会(あ)いましょう。

六、今日(きょう)は、きれいな三日月(みかづき)です。

1. Von diesem Fenster aus kann man den Mond sehr gut sehen.
2. Der Januar ist der erste Monat des Jahres.
3. Der erste Tag jeden Monats ist Ruhetag.
4. Ich schaue gerade den wunderschönen Vollmond an.
5. Lass uns wieder am Ende des Monats treffen.
6. Heute kann man den schönen, sichelförmigen Mond sehen.

次の言葉を使って、文をつくりましょう。

一、月

二、毎月

三、一月

四、月末

五、まん月

六、三日月

火

カ　ひ

火
ひへん

丶 丷 𠂉 火

火（ひ）-N (Feuer)	火曜日（かようび）-Zeit. (Dienstag) 火山（かざん）-N (Feuer speiender Berg) 火事（かじ）-N (Brand) 火星（かせい）-N (Mars) 火災（かさい）-N (Brandunglück)

火

一、火（ひ）が、もえる。

二、火（ひ）の用心（ようじん）

三、火曜日（かようび）に会（あ）いませんか。

四、昨夜（さくや）、火山（かざん）が、ばくはつしました。

五、火星（かせい）が、見（み）えます。

六、あの家（いえ）で、昨日（きのう）、火事（かじ）がありました。

1. Das Feuer brennt.
2. Vorsicht im Umgang mit Feuer.
3. Wollen wir uns am Dienstag treffen?
4. Letzte Nacht ist ein Vulkan ausgebrochen.
5. Wir können den Mars sehen.
6. In diesem Haus dort hat es gestern gebrannt.

次の言葉を使って、文をつくりましょう。

一、火

二、火曜日

三、火山

四、火事

五、火星

六、火災

水

スイ・ズイ

みず

水・氵
みず
さんずい

亅　才　氺　水

水（みず） -N (Wasser)

水曜日（すいようび） -Zeit. (Mittwoch)

水えい（すいえい） -N (Fach Schwimmen)

水道（すいどう） -N (Wasserleitung)

水星（すいせい） -N (Merkur)

水平（すいへい） -Adj.2 (waagerecht)

水

一、お水（みず）を一（いっ）ぱい下（くだ）さい。

二、来週（らいしゅう）の水曜日（すいようび）は、ひまですか。

三、明日（あした）、いっしょに水（すい）えいに行（い）きませんか。

四、水道（すいどう）が、止（と）まりました。

五、あの川（かわ）の水（みず）は、とてもきれいです。

六、水（すい）へいにして下（くだ）さい。

1. Bitte geben Sie mir ein Glas Wasser.
2. Haben Sie am nächsten Mittwoch viel zu tun?
3. Wollen wir morgen zusammen schwimmen gehen?
4. Das Wasser ist abgestellt worden.
5. Das Wasser des Flusses ist sehr sauber.
6. Legen Sie es bitte gerade hin.

次の言葉を使って、文をつくりましょう。

一、水

二、水曜日

三、水えい

四、水道

五、水星

六、水平

き　こ

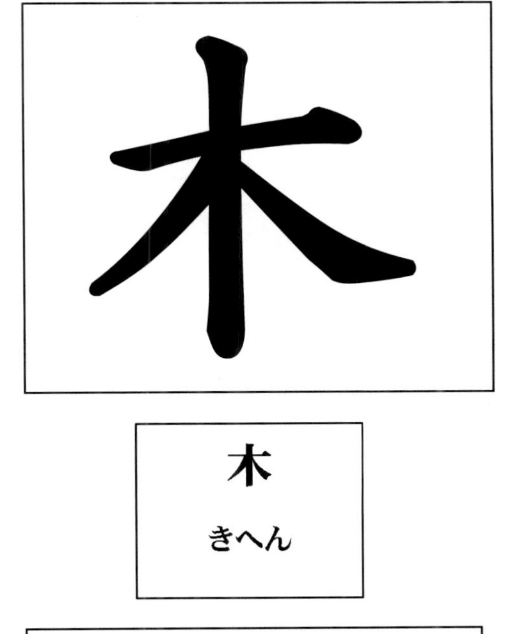

モク

木
きへん

一 十 才 木

木（き） -N (Baum) 木々（きぎ） -Npl. (Bäume) *木の実（このみ） -N (Früchte am Baum)	木曜日（もくようび） -Zeit. (Donnerstag) 木星（もくせい） -N (Jupiter) 木材（もくざい） -N (Bauholz/Holz als Material)

木

一、町（まち）に木（き）をうえましょう。

二、あのこうえんには、たくさんの木々（きぎ）があります。

三、木曜日（もくようび）の夜（よる）は、仕事（しごと）です。

四、来週（らいしゅう）の木曜日（もくようび）は、何日（なんにち）ですか。

五、木星（もくせい）について話（はな）して下（くだ）さい。

六、木材（もくざい）をつかってください。

次の言葉を使って、文をつくりましょう。

一、木

二、木々

三、木曜日

四、木星

五、木材

六、木の実

1. Lass uns in der Stadt Bäume pflanzen.
2. In diesem Park gibt es sehr viele Bäume.
3. Am Donnerstagabend bin ich bei der Arbeit.
4. Welches Datum hat der nächste Donnerstag?
5. Erzähle mir etwas über Jupiter.
6. Verwenden Sie bitte Holz.

*木(こ)の実(み) - Das sind Nussfrüchte von Bäumen, z.B. Kastanien, Eicheln usw.

かね

金

*キン
コン・ゴン

金
かねへん

ノ 𠆢 亼 今 全 伞 余 金

お金(かね) -N (Geld)	*金(きん) -N (Gold) 金色(きんいろ) -N (Goldfarbe) 黄金(おうごん) -N (Gold/Goldgelb) 金(きん)ぱつ -N (Blondes Haar) 金(きん)ぞく -N (Metall als Material)

金

一、お金(かね)がありません。

二、その土地(とち)で金(きん)が、とれる。

三、金色(きんいろ)のくつを買(か)いました。

四、黄金(おうごん)のかんむり

五、金(きん)ぱつの女(おんな)の子(こ)を見(み)ました。

六、金(きん)ぞくで、できています。

1. Ich habe kein Geld.
2. In diesem Gebiet gibt es Gold.
3. Ich habe ein Paar goldener Schuhe gekauft.
4. eine goldene Krone
5. Ich habe ein Mädchen mit blondem Haar gesehen.
6. Es ist aus Metall.

*金(きん) - Die Lesung „kin“ ist zwar die On-Lesung, aber das Wort hat die Bedeutung „Gold“.

次の言葉を使って、文をつくりましょう。

一、お金(かね)

二、金(きん)

三、金色

四、黄金

五、金ぱつ

六、金ぞく

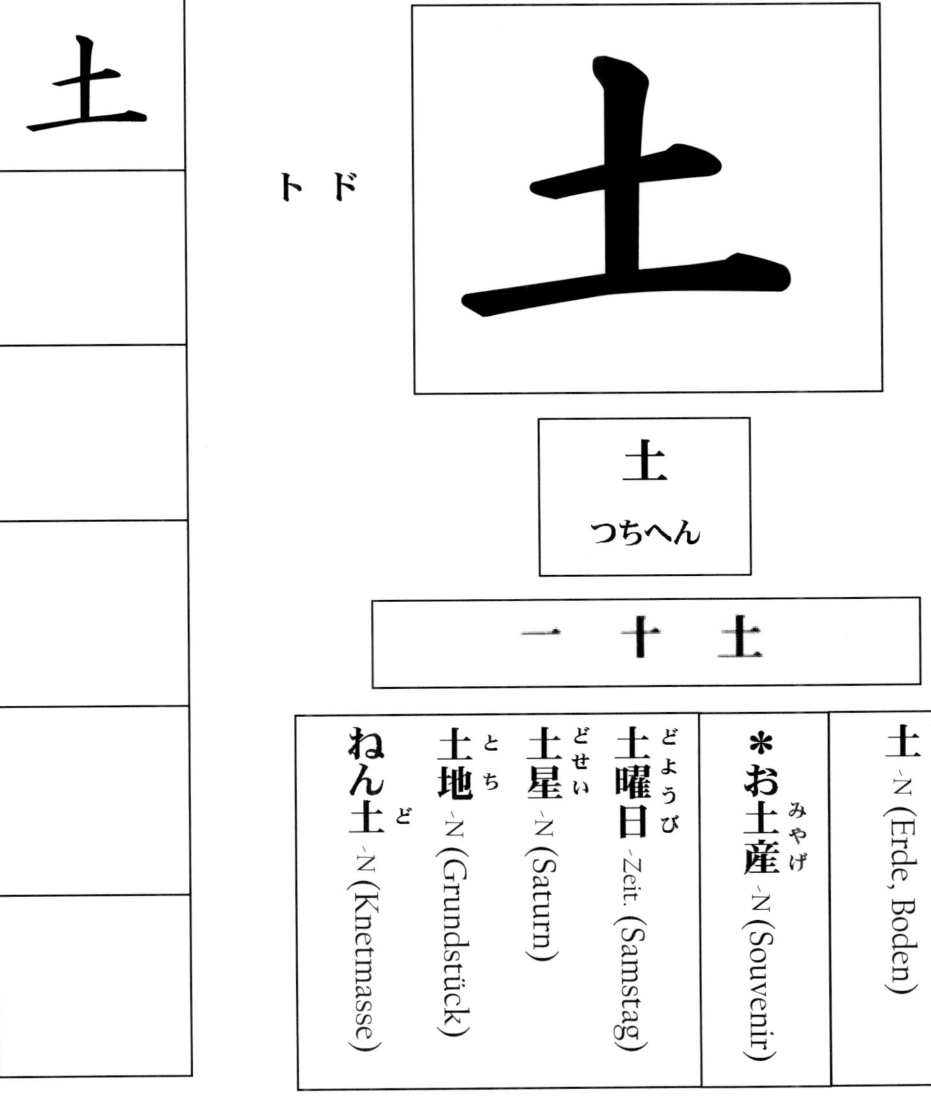

土

つち

ト　ド

土
つちへん

一　十　土

土（つち） -N (Erde, Boden)	
＊お土産（みやげ） -N (Souvenir)	
土曜日（どようび） -Zeit. (Samstag)	土星（どせい） -N (Saturn)
土地（とち） -N (Grundstück)	ねん土（ど） -N (Knetmasse)

一、土（つち）で、つくりました。

二、お土産（みやげ）をもって来（き）ました。

三、土曜日（どようび）は、ひまですか。

四、あの土地（とち）は、とても高（たか）いです。

五、ねん土（ど）で、あそんでいます。

土　・　士　工　エ（カ）

次の言葉を使って、文をつくりましょう。

一、土

二、お土産

三、土曜日

四、土地

五、ねん土

1. Ich habe es aus Erde geformt.
2. Ich habe ein Souvenir mitgebracht.
3. Haben Sie am Donnerstag Zeit?
4. Das Grundstück ist sehr teuer.
5. Sie spielen mit der Knete.

*お土産（みやげ） - Bitte beachten: Ausnahmelesung

ヒャク・ビャク・ピャク

白
しろ

一 丆 了 百 百 百

＊八百屋（やおや） -N (Gemüseladen)	百（ひゃく） -Zahlw. (100) 三百（さんびゃく） -Zahlw. (300) 六百（ろっぴゃく） -Zahlw. (600) 八百（はっぴゃく） -Zahlw. (800)

百

一、今（いま）、角（かど）の八百屋（やおや）さんにいます。

二、全部（ぜんぶ）で五百二円（ごひゃくにえん）です。

三、この学校（がっこう）に三百人（さんびゃくにん）の生徒（せいと）がいます。

四、あそこまで六百（ろっぴゃく）メートルぐらいです。

五、ここは、八百人（はっぴゃくにん）のホールです。

六、ビール二本（にほん）で八百円（はっぴゃくえん）です。

百 ・ 白 自 日

次の言葉を使って、文をつくりましょう。

一、八百屋

二、百

三、三百

四、六百

五、八百

1. Ich bin gerade im Gemüseladen um die Ecke.
2. Zusammen macht es 502 Yen.
3. Es gibt 300 Schüler an dieser Schule.
4. Bis dahin sind es ungefähr 600 Meter.
5. Dieser Saal fasst 800 Leute.
6. Zwei Flaschen Bier kosten 800 Yen.

*八百屋(やおや) - Bitte beachten: Ausnahmelesung

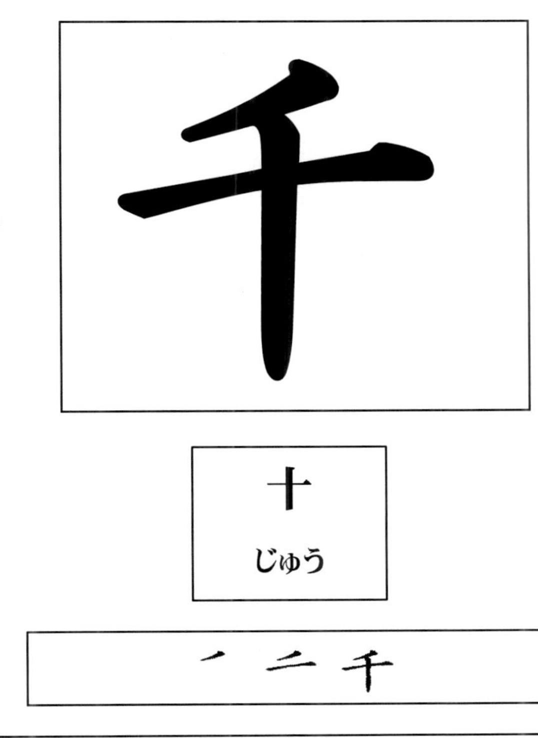

セン・ゼン

十
じゅう

一 二 千

千（せん） -Zahl (1000)
千円（せんえん） -Zahlw. (1000 Yen)
三千（さんぜん） -Zahl (3000)
八千（はっせん） -Zahl (8000)
＊千羽づる（せんば） -N (tausend Kraniche)
千切り（せんぎ） -N (lang und dünn geschnittene Streifen)
＊千差万別（せんさばんべつ） -Sprw. (unendliche Vielfalt/Verschiedenheit)

千

一、昼食（ちゅうしょく）は、千円（せんえん）ぐらいです。
二、三千円（さんぜんえん）で食（た）べほうだいです。
三、あのホテルは、一泊八千円（いっぱくはっせんえん）です。
四、母（はは）が病気（びょうき）なので、千羽（せんば）づるを折（お）りました。
五、きゅうりを千切（せんぎ）りに切（き）って下（くだ）さい。
六、どれもこれも千差万別（せんさばんべつ）です。

千 ・ チ 4

1. Das Mittagessen kostet ungefähr 1000 Yen.
2. 1000 Yen für „All you can eat“.
3. In diesem Hotel kostet eine Übernachtung 8000 Yen.
4. Da meine Mutter krank ist, mache ich Senbazuru*.
5. Bitte schneiden Sie die Gurke in lange Streifen.
6. Alle Dinge sind verschieden.

***千差万別** (せんさばんべつ) - Das ist eine Redewendung, die oft im Schriftverkehr verwendet wird. Für das Niveau N5 eher nicht geeignet.

***千羽づる** - wörtl.: 1000 Kraniche. Dies bezeichnet die alte japanische Tradition 1000 Kraniche zu falten, wenn man gute Besserung für Kranke oder Glück z.B. für Arme oder für die Seelen von Toten/Kriegsopfern etc. äußern will.

次の言葉を使って、文をつくりましょう。

一、千
二、千円
三、八千
四、千羽(ば)づる
五、千切り

復習問題（ふくしゅうもんだい）

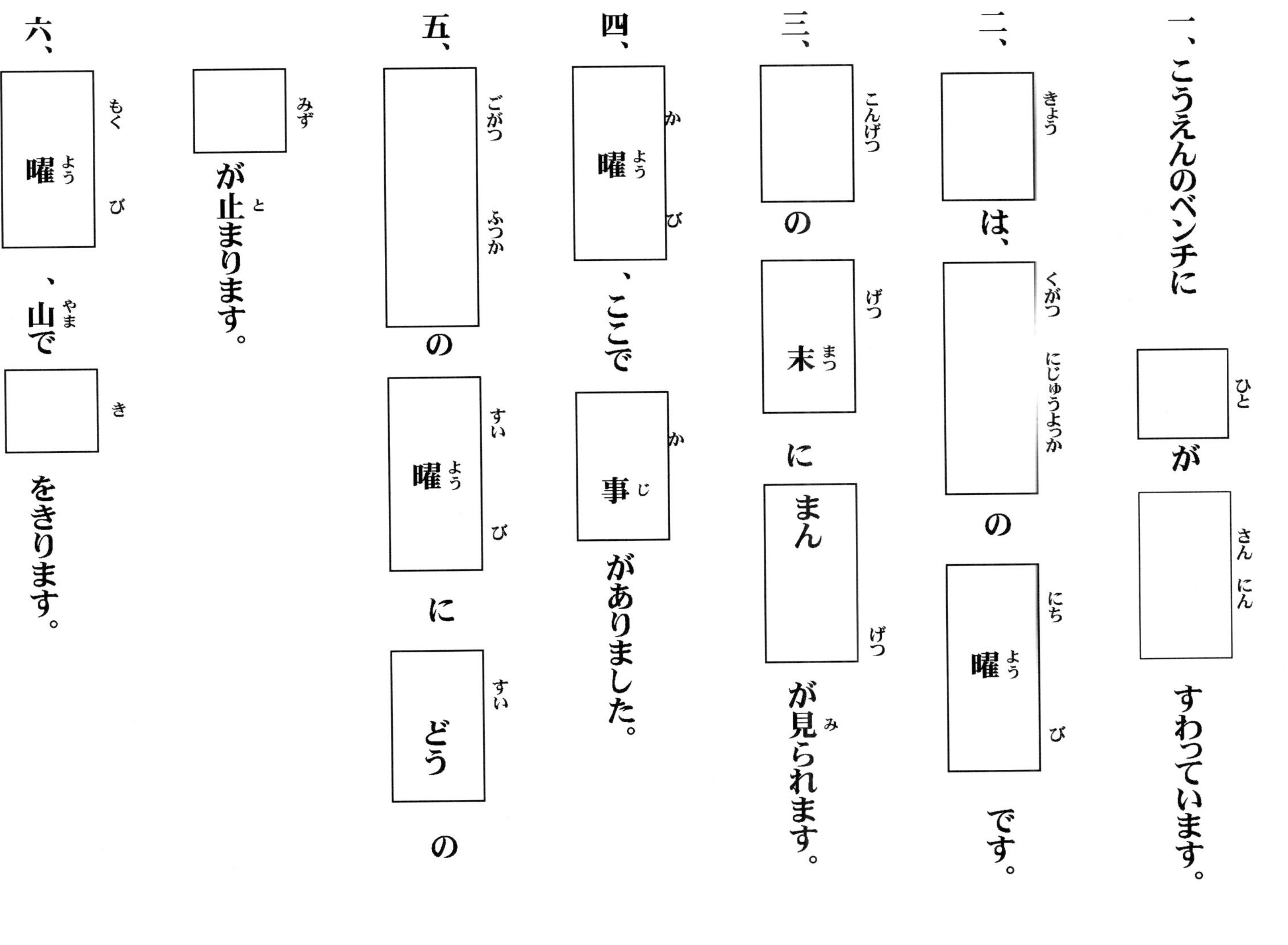

一、こうえんのベンチに□（ひと）が□（さんにん）すわっています。

二、□（きょう）は、□（くがつにじゅうよっか）の□（にち）曜（よう）□（び）です。

三、□（こんげつ）の□（げつ）末（まつ）にまん□（げつ）が見（み）られます。

四、□（か）曜（よう）□（び）、ここで□（か）事（じ）がありました。

五、□（ごがつふつか）の□（すい）曜（よう）□（び）に□（すい）どうの□（みず）が止（と）まります。

六、□（もく）曜（よう）□（び）、山（やま）で□（き）をきります。

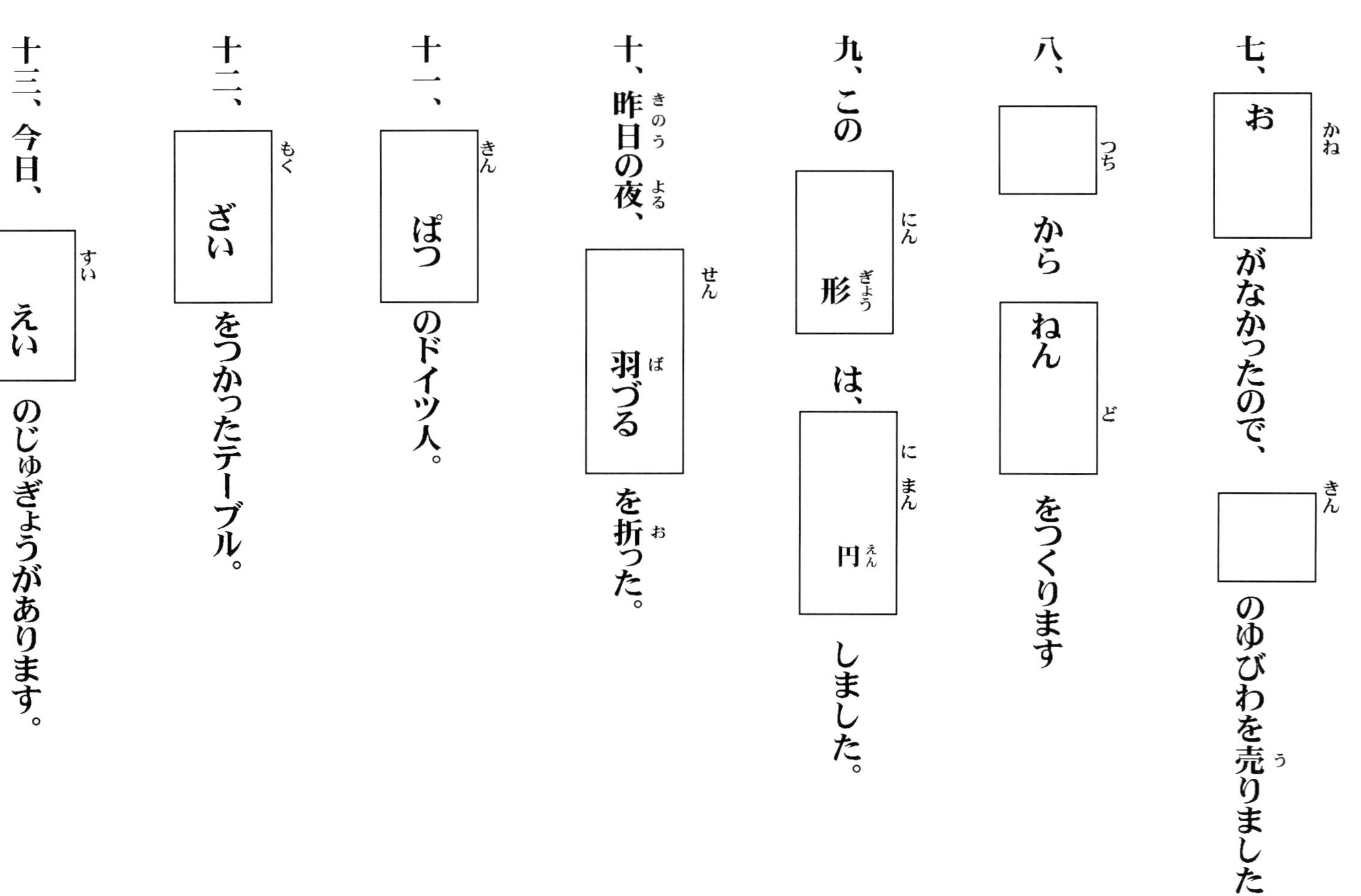

七、お□（かね）がなかったので、□（きん）のゆびわを売（う）りました。

八、□（つち）から　ねん□（ど）　をつくります

九、この　□（にん）形（ぎょう）　は、□（にまん）円（えん）　しました。

十、昨日（きのう）の夜（よる）、□（せん）羽（ば）づる　を折（お）った。

十一、□（きん）ぱつ　のドイツ人。

十二、□（もく）ざい　をつかったテーブル。

十三、今日、□（すい）えい　のじゅぎょうがあります。

千	百	土	金	木	水	火	月	日	人

Antwort

一、人、三人

二、今日、九月二十四日、日曜(よう)日

三、今(こん)月、月末(まつ)、まん月

四、火曜(よう)日、火事(じ)

五、五月二日、水曜(よう)日、水どう、水

六、木曜(よう)日、

七、お金、金

八、土、ねん土

九、人形(ぎょう)、二万円(えん)

十、千羽(ば)づる

十一、金ぱつ

十二、木ざい

十三、水えい

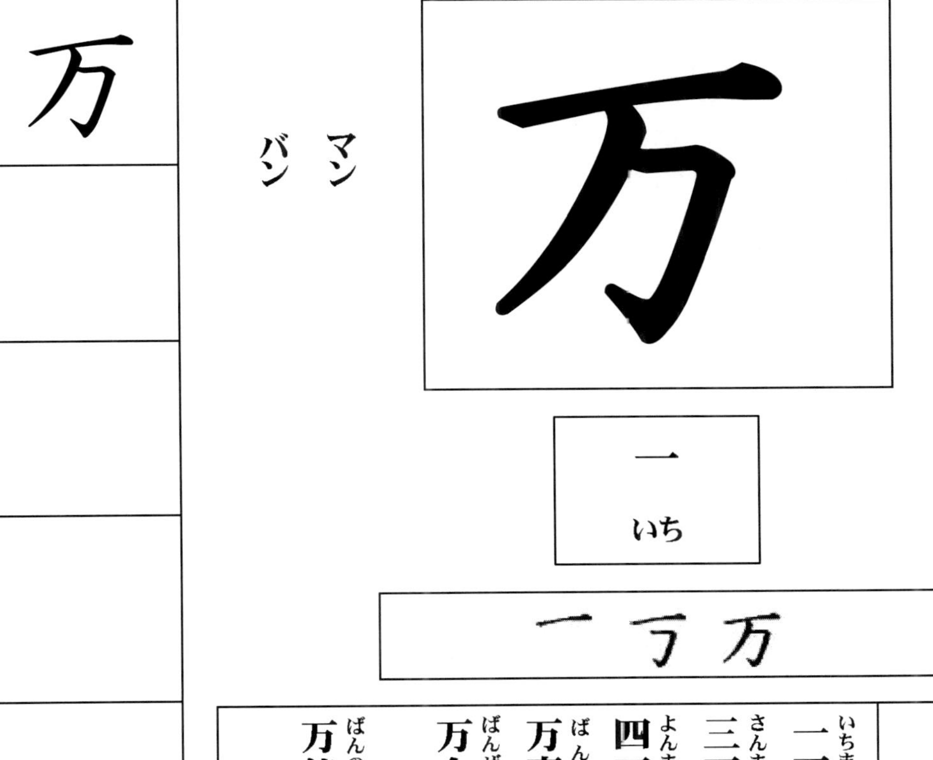

（よろず）
マン
バン

* 万（よろず） -N (alles / alle Sachen - diese Lesung benutzen wir heute kaum)

一万（いちまん） -Zahlw. (10.000)

三万（さんまん） -Zahlw. (30.000)

四万（よんまん） -Zahlw. (40.000)

万事（ばんじ） -N (alle Dinge)

万全（ばんぜん） -Adj.2 (Makellosigkeit)

万能（ばんのう） -Adj.2 (Begabung / zu allem fähig)

一、一万（いちまん）ちょうどです。

二、そこに四万（よんまん）あります。

三、二・三万（にさんまん）ほど用意（ようい）して下（くだ）さい。

四、万事（ばんじ）オーケー。

五、用意（ようい）は、万全（ばんぜん）にととのった。

六、彼（かれ）は万能（ばんのう）な学生（がくせい）だ。

万 ・ 方

1. Das macht genau 10.000 Yen.
2. Dort liegen 40.000 Yen.
3. Haltet bitte 20.000 bis 30.000 Yen bereit.
4. Alles okay.
5. Es ist alles perfekt vorbereitet.
6. Er ist ein Student, der alles kann.

*万(よろず) - Diese Lesung taucht oft in alten japanischen Büchern auf. Heute wird sie selten benutzt.

次の言葉を使って、文をつくりましょう。

一、一万

二、四万

三、七万(ななまん)

四、九万(きゅうまん)

五、万事

六、万能

円

エン

冂
けいがまえ
まきがまえ

丨 冂 円 円

＊円 -Das bedeutet **まるい** (rund), aber es hat keine Lesung

- **円**(えん) -N (Kreis, jap. Währung)
- **五円玉**(ごえんだま) -N (5-Yen-Münze)
- **二万円**(にまんえん) -Zahlw. (20000 Yen)
- **円まん**(えん) -Adj.2 (Friedlichkeit)
- **円高**(えんだか) -N (starker Yen)
- **円ばん**(えん) -N (UFO)

円

一、円(えん)になって下(くだ)さい。

二、五円玉(ごえんだま)をもっていますか。

三、二万円(にまんえん)をユーロにかえて下(くだ)さい。

四、私(わたし)の家族(かぞく)は円(えん)まんな家族(かぞく)です。

五、今(いま)、円高(えんだか)です。

六、夕(ゆう)べ、円(えん)ばんが見(み)えたそうだ。

1. Bilden Sie bitte einen Kreis.
2. Haben Sie eine Fünf-Yen-Münze?
3. Wechseln Sie bitte 20.000 Yen in Euro.
4. Meine Familie ist sehr harmonisch.
5. Der Yen ist zurzeit teuer.
6. Ich habe gehört, dass jemand letzte Nacht ein UFO gesehen hat.

次の言葉を使って、文をつくりましょう。

一、円

二、一円玉

三、四（よん）万円

四、円まん

五、円高

六、円ばん

い・く
おこな・う
おこな・い
ゆ・く
*ゆき

行

コウ
ギョウ

彳
ぎょうにんべん

丿 彡 彳 彳 行 行

行(い)く -V (gehen)	行事(ぎょうじ) -N (Ereignis)
行(おこな)う -V (handeln/ Veranstalten)	行列(ぎょうれつ) -N (Parade)
行(おこな)い -N (Tat)	
持(も)って行(い)く -V (mitnehmen)	
XX 行(ゆ)き -N (Richtung xx)	

行

一、明日(あした)、学校(がっこう)に行きます。
二、今日(きょう)の午後(ごご)、かいぎを行(おこな)います。
三、花束(はなたば)を持(も)って行(い)って下(くだ)さい。
四、東京(とうきょう)行(ゆ)きの電車(でんしゃ)にのって下(くだ)さい。
五、今年(ことし)の行事(ぎょうじ)をお知(し)らせします。
六、ふだんの行(おこな)いがよくない。

1. Ich gehe morgen in die Schule.
2. Ich berufe heute Nachmittag eine Konferenz ein.
3. Nimm bitte einen Strauß mit.
4. Steige bitte in den Zug Richtung Tokyo ein.
5. Ich berichte von der diesjährigen Veranstaltung.
6. Er benimmt sich im Alltag nicht gut.

*行(ゆき) - Diese Lesung wird im täglichen Leben öfter benutzt als 行(ゆ)き, z.B. für Anzeigen bei Bussen, Zügen usw.

次の言葉を使って、文をつくりましょう。

一、行く

二、行う

三、持って行く

四、フランクフルト行き

五、行事

六、行列

来

くる・きます

ライ

木 きへん

一 丆 丆 㐅 平 来 来

来る -V (kommen) 来ます -in V ます-Form (kommen) ＊持って来る -V (bringen)	来週 -Zeit (nächste Woche) 来月 -Zeit (nächsten Monat) 由来 -N (Ursprung)

来

一、台風が来るそうです。

二、今日、母が来ます。

三、しょるいを持って来て下さい。

四、来週、大阪に出ちょうします。

五、来月、日本に行きます。

六、その話の由来は、何ですか。

1. Ich habe gehört, dass der Taifun sich nähert.
2. Heute kommt meine Mutter.
3. Bringen Sie bitte die Dokumente mit.
4. In der nächsten Woche mache ich eine Geschäftsreise nach Osaka.
5. Ich fliege nach Japan.
6. Was ist der Ursprung dieser Geschichte?

*持(も)って来(く)る - Verben der て-Form bilden mit 来る andere Verben,
z.B. 帰(かえ)って+来る = zurück nach Hause kommen

次の言葉を使って、文をつくりましょう。

一、来る

二、持って来る

三、帰(かえ)って来る

四、来週

五、来月

六、由来

休

やす・む

キュウ

人・イ
にんべん

ノ　亻　亻一　什　休　休

- 休む(やす) -V (frei machen oder nehmen / pausieren)
- ＊夏休み(なつやす) -N (Sommerferien)
- 休日(きゅうじつ) -N (Feiertag)
- 休か(きゅう) -N (Urlaub)
- 休けい(きゅう) -する N (Pause)
- 休校(きゅうこう) -する N (Schulfrei)

休

一、きのう、かぜで会社(かいしゃ)を休(やす)みました。

二、明日(あした)から夏休(なつやす)みだ。

三、五月(ごがつ)の休日(きゅうじつ)は、ゴールデンウイークと、いいます。

四、少(すこ)し、休(きゅう)かをとって下(くだ)さい。

五、休(きゅう)けい時間(じかん)は、十五分間(じゅうごふんかん)です。

六、今日(きょう)は、スモッグで、東京(とうきょう)の学校(がっこう)は、休校(きゅうこう)になりました。

休　・　体

1. Wegen einer Erkältung war ich nicht auf der Arbeit.
2. Ab morgen fangen die Sommerferien an.
3. Die Feiertage im Mai heißen „Golden Week“.
4. Bitte nimm dir einen kurzen Urlaub.
5. Die Pause dauert 15 Minuten.
6. Heute haben die Schulen in Tokyo wegen Smog schulfrei.

*夏休み(なつやすみ) - In Japan haben wir immer dreimal pro Jahr Ferien: 春休み(はるやすみ) (Frühlingferien = Osterferien), 夏休み(なつやすみ) (Sommerferien) und 冬休み(ふゆやすみ) (Winterferien = Weihnachtsferien). Es gibt weder Herbstferien noch Fastnachtsferien noch andere in Deutschland übliche Ferienarten.

次の言葉を使って、文をつくりましょう。

一、休む
二、春(はる)休み
三、休日
四、休か
五、休けい
六、休校

見

ケン

み・る

見
みる

丨 冂 冃 冃 目 目 見

見る（み） -V (sehen)
*見える（み） -V (sehen können)

見学（けんがく） -する N (Besichtigung)
見物人（けんぶつにん） -N (Gaffer)
外見（がいけん） -N (Aussehen)
意見（いけん） -N (Meinung)

見

一、今夜（こんや）、八時（はちじ）からテレビを見（み）ます。
二、今日（きょう）は、富士山（ふじさん）が、よく見（み）える。
三、来週（らいしゅう）、工場（こうじょう）の見学（けんがく）に行（い）きます。
四、火事（かじ）で見物人（けんぶつにん）があつまりました。
五、ただ外見（がいけん）だけいい人（ひと）。
六、ほかに意見（いけん）がありますか。

1. Heute Abend um 20:00 Uhr schaue ich fern.
2. Heute kann man den Berg Fuji gut sehen.
3. Wir gehen nächste Woche zur Fabrikbesichtigung.
4. Dort sammeln sich Gaffer wegen des Brandes.
5. ein Mensch mit lediglich schöner Fassade
6. Gibt es noch eine andere Meinung?

***見える**(み) - Dieses Wort gehört in Gruppe II. **見られる**(み) ist die Können-Form von **見る**. Was ist der Unterschied?

見られる(み) = Es gibt die Möglichkeit etwas zu sehen, aber ob man es sehen will oder nicht, kann man entscheiden.

見える(み) = Etwas ist unübersehbar. Ich sehe es unabhängig davon, ob ich es sehen will oder nicht.

次の言葉を使って、文をつくりましょう。

一、見る
二、見える
三、見学
四、見物人
五、外見
六、意見

コン

人・亻
にんべん

ノ 𠆢 今 今

今（いま） -Zeit. (jetzt)	＊今日（きょう） -Zeit. (heute)	今月（こんげつ） -Zeit. (dieser Monat)
	＊今年（ことし） -Zeit. (dieses Jahr)	今週（こんしゅう） -Zeit. (diese Woche)
		今回（こんかい） -Zeit (dieses Mal)
		今度（こんど） -Zeit (nächstes Mal)

今

一、前（まえ）は、学生（がくせい）でした。でも、今（いま）は、会社員（かいしゃいん）です。

二、今日（きょう）、洗（せん）たくとそうじをしました。

三、今年中（ことしじゅう）に仕事（しごと）がほしい。

四、今月（こんげつ）は、もうお金（かね）がありません。

五、今回（こんかい）のしけんは、とてもむずかしかった。

六、今度（こんど）、いっしょにえいがにいきませんか。

次の言葉を使って、文をつくりましょう。

一、今

二、今日

三、今年

四、今月

五、今回

六、今度

*今日(きょう), 今年(ことし) - Bitte beachten: Ausnahmelesung

1. Früher war ich Student, aber heute bin ich Angestellter.
2. Ich habe heute Wäsche gewaschen und geputzt.
3. Ich möchte bis Ende des Jahres eine Arbeit haben.
4. Ich habe kein Geld mehr für diesen Monat.
5. Dieses Mal ist der Test sehr schwer.
6. Sollen wir bei Gelegenheit ins Kino gehen?

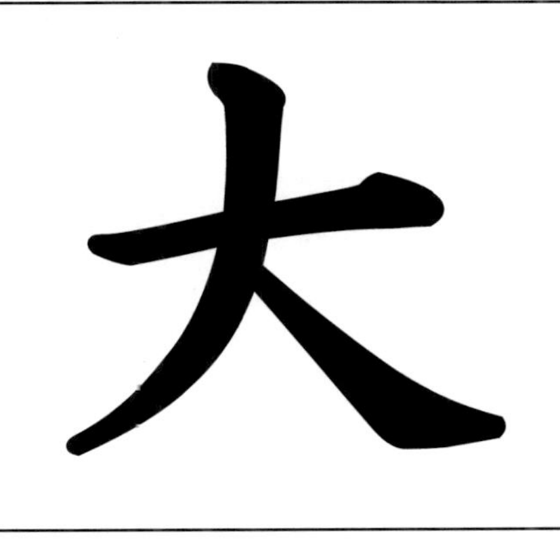

おお・きい

ダイ
タイ

大
だい

一　ナ　大

*大きい（おお） -Adj.1 (groß)	大ぜい（おお） -Zahlw. (viele Menschen)
大学（だいがく） -N (Universität) 大丈夫（だいじょうぶ） -Adj.2 (alles ok) 大と会（だい かい） -N (Riesenstadt) 大切（たいせつ） -Adj.2 (wichtig/kostbar/bedeutsam)	

大

一、あの学校（がっこう）は、とても大（おお）きいです。

二、あの大（おお）きい木（き）の下（した）で会（あ）いましょう。

三、この箱（はこ）は、大切（たいせつ）な母（はは）の形見（かたみ）です。

四、今年（ことし）から大学（だいがく）に行（い）っています。

五、「あ、すみません。大丈夫（だいじょうぶ）ですか。」

六、東京（とうきょう）は、大（だい）と会（かい）です。

大・太　犬

1. Diese Schule ist sehr groß.
2. Lass uns an diesem großen Baum treffen.
3. Diese Kiste ist das bedeutsame Erbe meiner Mutter.
4. Ich gehe seit diesem Jahr zur Uni.
5. „Ach, entschuldige, ist alles ok?“
6. Tokyo ist eine Metropole.

*大(おお)きい - Bitte beachten Sie, dass dieses Kanji in Hiragana „oo“ geschrieben wird.

次の言葉を使って、文をつくりましょう。

一、大きい

二、大ぜい

三、大学

四、大丈夫

五、大と会

六、大じこ

ちい・さい
こ
お

ショウ

小

小
しょう

亅 小 小

小さい（ちいさい） -Adj.i (klein) 小鳥（ことり） -N (kleiner Vogel / Küken) 小道（こみち） -N (Pfad) 小人（こびと） -N (Zwerg) 小川（おがわ） -N (Bach)	小学校（しょうがっこう） -N (Grundschule) 小学生（しょうがくせい） -N (Grundschüler)

小

一、小さい（ちいさい）かごに木の実（このみ）がたくさん入って（はいって）います。

二、日本（にほん）の小学校（しょうがっこう）は、八時半（はちじはん）にはじまります。

三、八時（はちじ）の電車（でんしゃ）は、小学生（しょうがくせい）でいっぱいだ。

四、すの中（なか）に小鳥（ことり）がたくさんいました。

五、その小道（こみち）をまっすぐ行く（いく）と、おばあさんのうちがあります。

六、森（もり）のおくに小人（こびと）の家（いえ）があります。

1. Es gibt sehr viele Früchte in dem Korb.
2. Die Grundschule in Japan fängt um 8:30 Uhr an.
3. Die Züge um 8:00 Uhr sind gefüllt mit Grundschülern.
4. Es waren viele kleine Vögel in dem Nest.
5. Wenn du auf diesem kleinen Weg geradeaus gehst, steht dort Omas Haus.
6. Tief im Wald steht das Zwergenhaus.

次の言葉を使って、文をつくりましょう。

一、小さい

二、小学校

三、小学生

四、小鳥

五、小道

六、小人

七、小川

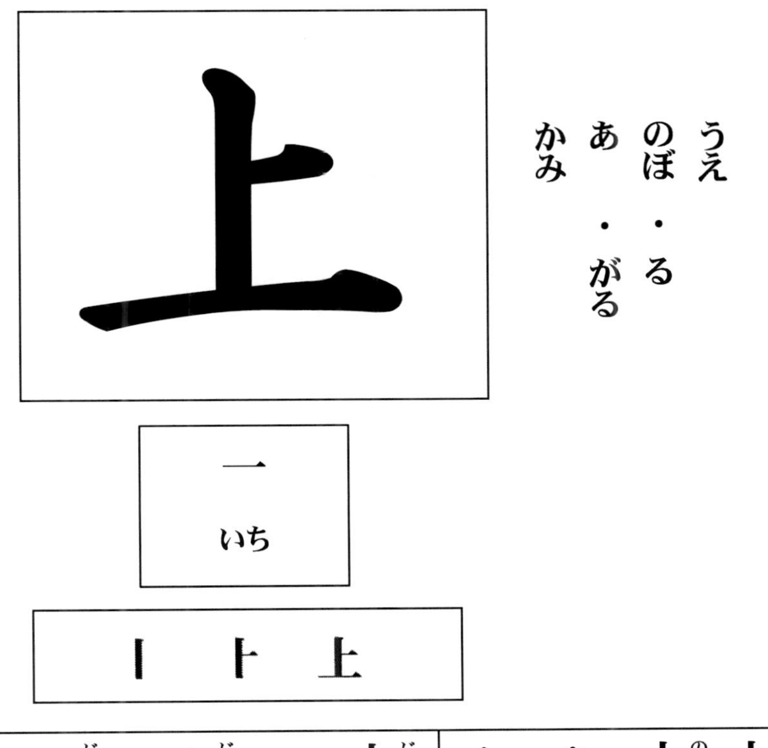

- 上(うえ) -N (oben)
- 上り(のぼり) -N (Aufstieg)
- ＊上る(のぼる) -V (hochklettern)
- ＊上がる(あがる) -V (hochsteigen)
- 上下(じょうげ) -N (das Erste und das Zweite / das Obere und das Untere)
- 上かん(じょうかん) -N (der erste von zwei Bänden)
- 上じゅん(じょうじゅん) -N (erste Hälfte vom Monat)
- 上品(じょうひん) -Adj.2 (fein/vornehm)

上

一、あのエレベーターで上(うえ)に上(あ)がって下(くだ)さい。

二、その上(のぼ)りエスカレーターを使(つか)ってください。

三、上下(じょうげ)おそろいのふく。

四、もう上(じょう)かんを読(よ)みました。

五、来月(らいげつ)の上(じょう)じゅんにまた来(き)て下(くだ)さい。

六、彼女(かのじょ)は、とても上品(じょうひん)な方(かた)でした。

上 ・ 土

1. Bitte fahren Sie mit dem Aufzug nach oben.
2. Benutzen Sie die Rolltreppe nach oben.
3. aufeinander abgestimmte Kleidung
4. Ich habe schon den ersten Teil gelesen.
5. Kommen Sie Anfang des nächsten Monats wieder.
6. Sie war eine sehr feine Dame.

*上がる(あ), 上る(のぼ) - Die Unterschiede sind im Satz nicht klar definierbar, aber 上がる(あ) heißt, dass etwas von unten nach oben bewegt wird. 上る(のぼ) dagegen bedeutet eher, dass etwas schon ganz oben ist.

次の言葉を使って、文をつくりましょう。

一、上

二、上り

三、上がる

四、上下

五、上じゅん

六、上品

復習問題(ふくしゅうもんだい)

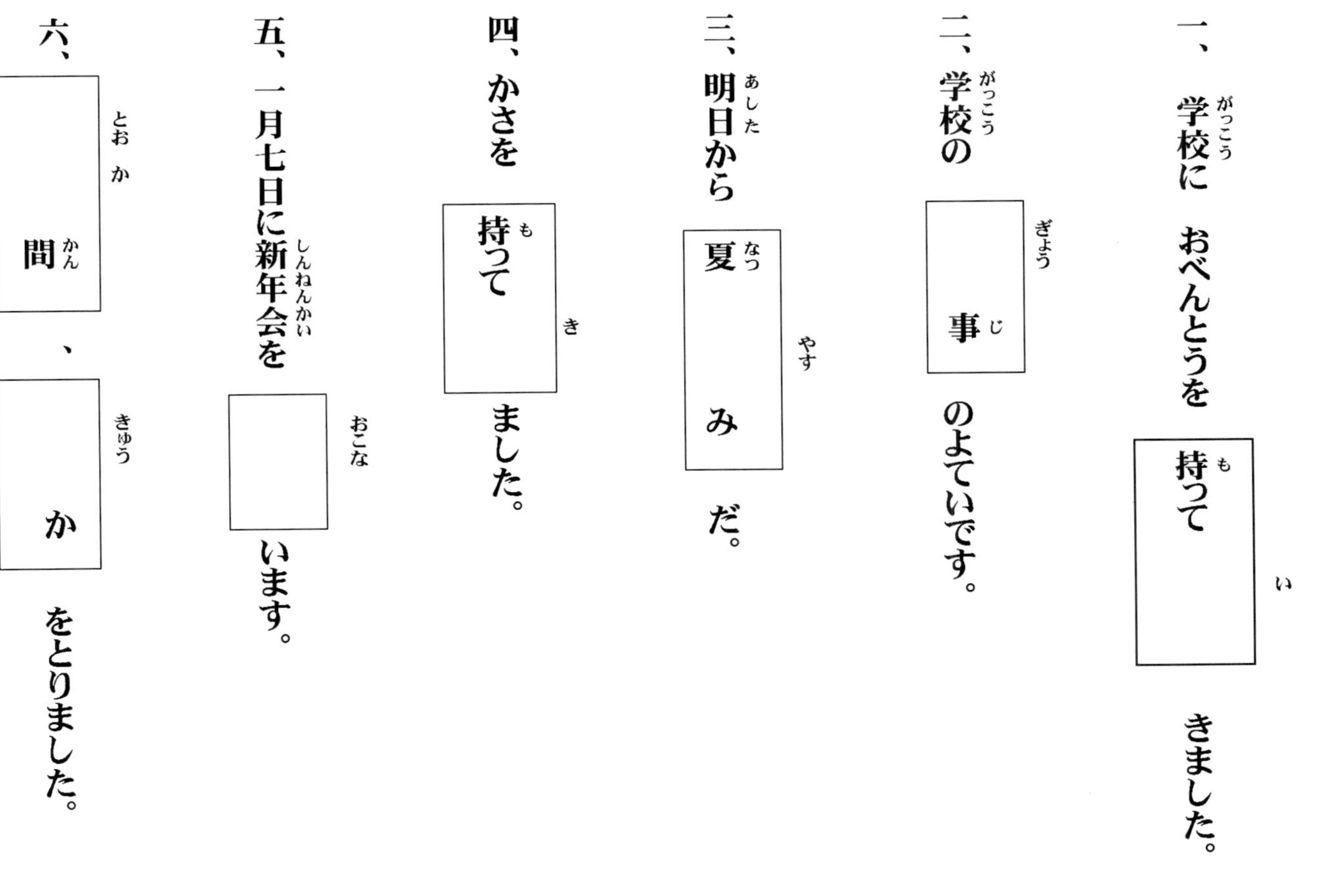

一、学校(がっこう)に　おべんとうを　持(も)って□(い)　きました。

二、学校(がっこう)の　□(ぎょう)事(じ)　のよていです。

三、明日(あした)から　夏(なつ)□(やす)み　だ。

四、かさを　持(も)って□(き)　ました。

五、一月七日に新年会(しんねんかい)を　□(おこな)　います。

六、□(とお)□(か)間(かん)、□(きゅう)か　をとりました。

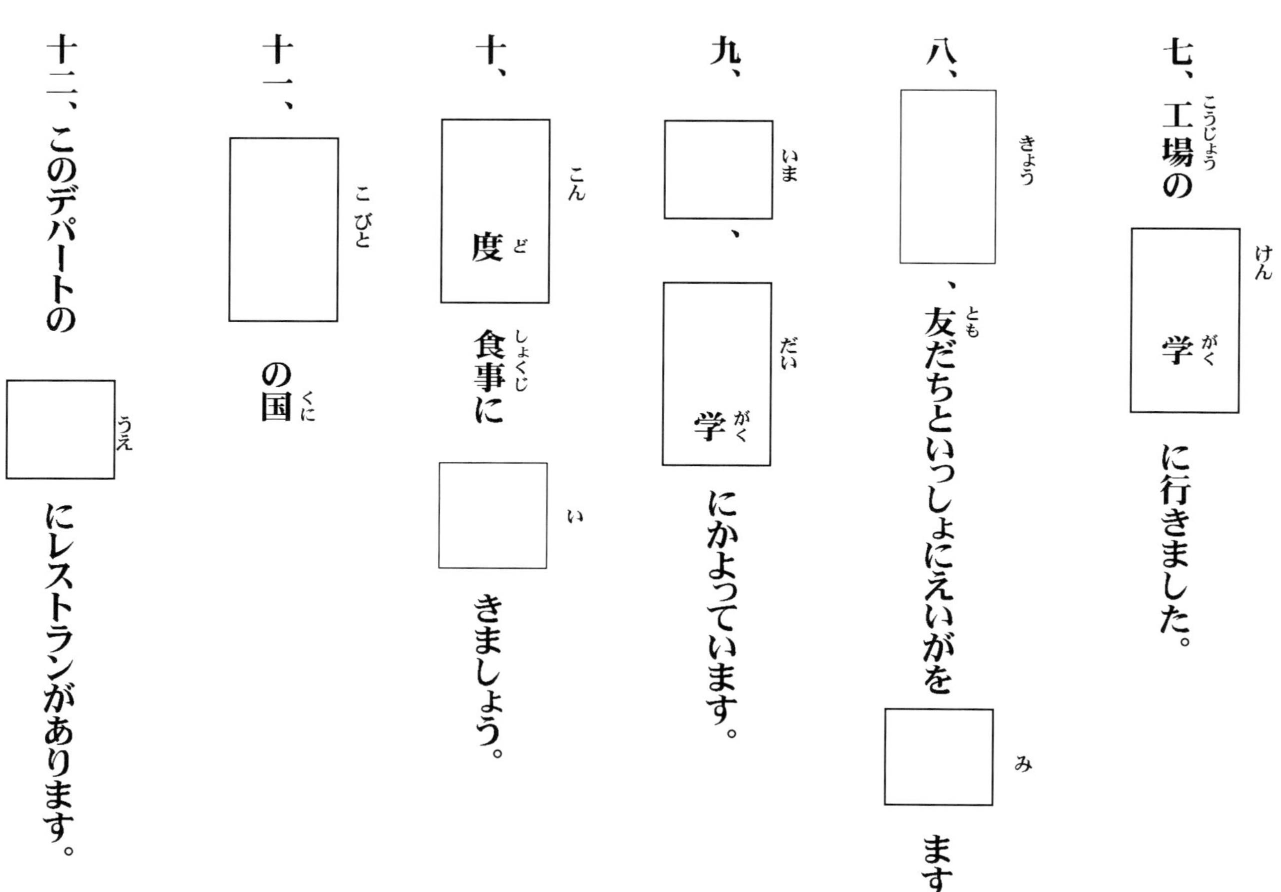

七、工場（こうじょう）の［けん］学（がく）に行きました。

八、［きょう］、友（とも）だちといっしょにえいがを［み］ます。

九、［いま］、［だい］学（がく）にかよっています。

十、［こん］度（ど）食事（しょくじ）に［い］きましょう。

十一、［こびと］の国（くに）

十二、このデパートの［うえ］にレストランがあります。

上	小	大	今	見	休	来	行	円	万

Antwort

一、持(も)って行

二、行事(じ)

三、夏(なつ)休み

四、持(も)って来

五、行い

六、休か

七、見学(がく)

八、見

九、今、大学(がく)

十、今度(ど)

十一、小人

十二、上

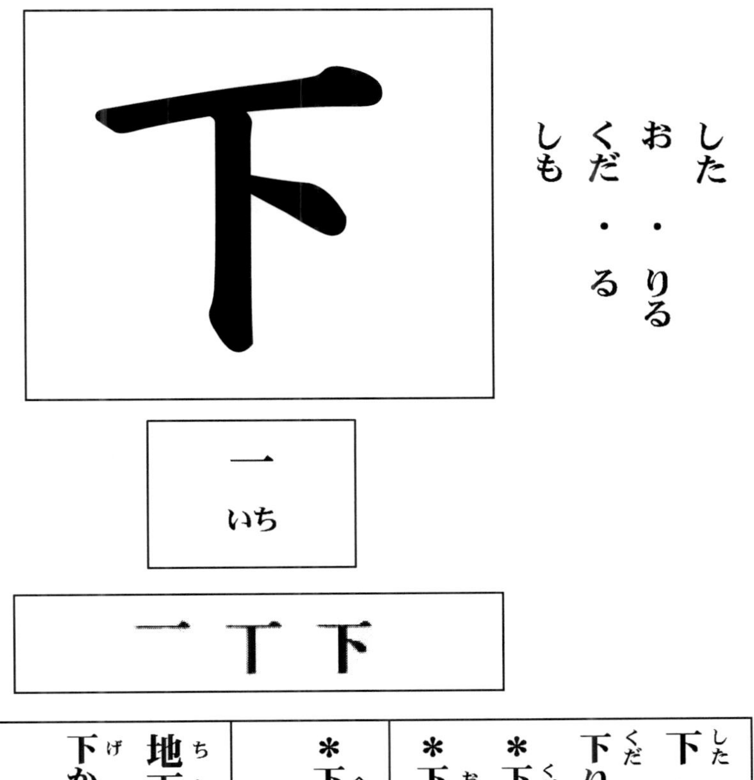

下(した) -N (unter)
下り(くだり) -N (Abstieg)
*下る(くだる) -V (absteigen)
*下りる(おりる) -V (absteigen)

*下手(へた) -Adj.2
(nicht gut dafür)

地下(ちか) -N (Untergeschoss)
下かん(げかん) -N (der zweite
von zwei Bänden)
下品(げひん) -Adj.2 (pöbelhaft)
らっ下(らっか) -する N (freier Fall)

下

一、下(した)に下(お)りて下(くだ)さい。

二、下(くだ)りのエスカレーターは、あちらです。

三、食(しょく)りょう品売場(ひんうりば)は、地下三(ちかさん)がいです。

四、上(じょう)かんは、読(よ)みました。今(いま)、下(げ)かんを読(よ)んでいます。

五、彼(かれ)は、すごい下品(げひん)な男(おとこ)だ。

六、とつぜん、ひこうきがらっ下(か)した。

1. Gehen Sie bitte hinunter.
2. Die Rolltreppe nach unten ist dort drüben.
3. Nahrungsmittel sind im dritten Untergeschoss.
4. Die erste Hälfte vom Buch habe ich schon gelesen, ich lese jetzt die zweite Hälfte.
5. Er ist ein grobschlächtiger Mann.
6. Plötzlich ist das Flugzeug abgestürzt.

*下(お)りる, 下(くだ)る - Die Unterschiede sind im Satz schwer definierbar, aber 下(お)りる heißt „sich von oben nach unten bewegen." 下(くだ)る dagegen bedeutet eher, dass etwas ganz unten ist.

*下手(へた) - Bitte beachten: Ausnahmelesung

次の言葉を使って、文をつくりましょう。

一、下

二、下り

三、下りる

四、地下

五、下かん

六、らっ下

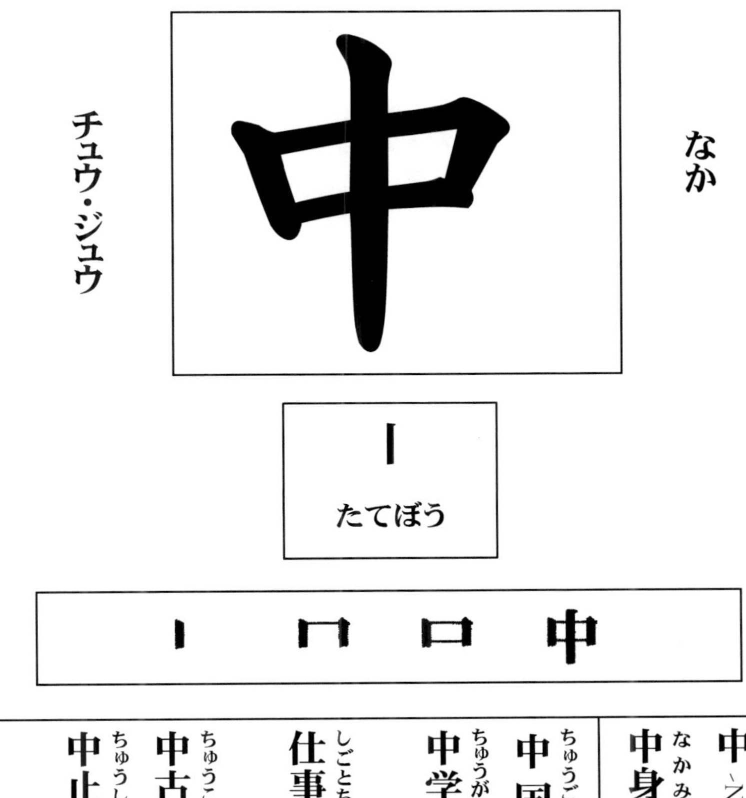

中(なか) -N (innen)
中身(なかみ) -N (Inhalt)

中国(ちゅうごく) -N (China)
中学校(ちゅうがっこう) -N (Mittelschule)
仕事中(しごとちゅう) -N (mitten bei der Arbeit)
中古(ちゅうこ) -N (gebraucht)
中止(ちゅうし) -する N (Unterbrechung)

中

一、あのはこの中(なか)にくだものが入(はい)っています。

二、中国(ちゅうごく)の人口(じんこう)は、せかいの二十一(にじゅういっ)パーセントです。

三、むすこは、今(いま)、中学生(ちゅうがくせい)です。

四、仕事中(しごとちゅう)は、たばこをすわないで下(くだ)さい。

五、その車(くるま)は、中古(ちゅうこ)です。

六、工事(こうじ)は、中止(ちゅうし)です。

1. In dem Karton ist Obst.
2. In China leben 21% der Weltbevölkerung.
3. Mein Sohn besucht zurzeit die Mittelschule.
4. Bitte rauchen Sie nicht bei der Arbeit.
5. Das ist ein gebrauchtes Auto.
6. Die Bauarbeiten sind unterbrochen.

次の言葉を使って、文をつくりましょう。

一、中

二、中国

三、中学校

四、れんしゅう中

五、中古

六、中止

右

みぎ

ユウ

口
くちへん

ノ　ナ　オ　右　右

右(みぎ) -N (rechts)

右足(みぎあし) -N (rechter Fuß oder Bein)

右手(みぎて) -N (rechte Hand)

右がわ(みぎがわ) -N (rechte Seite)

右半分(みぎはんぶん) -N (rechte Hälfte)

左右(さゆう) -N (rechts und links)

右

一、そこを右(みぎ)に曲(ま)がって下(くだ)さい。

二、彼(かれ)は、右足(みぎあし)が、不自由(ふじゆう)です。

三、ちょっと右手(みぎて)をかして下(くだ)さい。

四、その道(みち)の右側(みぎがわ)にゆうびんきょくが、あります。

五、右半分(みぎはんぶん)が、こわれました。

六、私(わたし)は、左右(さゆう)、どちらも使(つか)えます。

次の言葉を使って、文をつくりましょう。

一、右

二、右足

三、右手

四、右半分

五、右がわ

六、左右

1. Bitte biegen Sie dort nach rechts ab.
2. Er hat eine Behinderung an seinem rechten Bein.
3. Bitte gib mir deine rechte Hand.
4. Das Postamt ist auf der rechten Seite dieser Straße.
5. Die rechte Hälfte ist kaputtgegangen.
6. Ich bin sowohl Rechts- als auch Linkshänder.

左

ひだり

サ

工

たくみへん

一 ナ 𠂇 左 左

左(ひだり) -N (links)
左きき(ひだりきき) -N (Linkshänder)
左足(ひだりあし) -N (linker Fuß oder Bein)
左手(ひだりて) -N (linke Hand)
左目(ひだりめ) -N (linkes Auge)
左がわ(ひだりがわ) -N (linke Seite)

左右(さゆう) -N (siehe 右(みぎ))

左

一、このこうさてんを 左(ひだり) に曲(ま)がって下(くだ)さい。
二、妹(いもうと) は、左(ひだり) ききです。
三、左足(ひだりあし) にけがをして入院(にゅういん)しました。
四、左手(ひだりて)にやけどをしました。
五、左目(ひだりめ)をつぶって下(くだ)さい。
六、次(つぎ)の 左(ひだり) がわのかどにぎん行(こう)があります。

1. Biegen Sie an der Kreuzung nach links ab.
2. Meine kleine Schwester ist Linkshänderin.
3. Wegen der Verletzung an meinem linken Bein bin ich ins Krankenhaus eingeliefert worden.
4. Ich habe eine Verbrennung an meiner linken Hand.
5. Schließen Sie Ihr linkes Auge.
6. An der nächsten Straßenecke auf der linken Seite gibt es eine Bank.

次の言葉を使って、文をつくりましょう。

一、左

二、左きき

三、左足

四、左手

五、左目

六、左がわ

山

やま

サン・ザン

山
やまへん

丨 山 山

山(やま) -N (Berg) 山々(やまやま) -Npl. (Berge) 山(やま)おく -N (tief im Berg)	*ふじ山(さん) -N (Fuji-Berg) 火山(かざん) -N (Vulkan / feuerspeiender Berg) 山(さん)ちょう -N (Berggipfel) 山地(さんち) -N (Berggebiet)

山

一、日本(にほん)は、山(やま)と川(かわ)が、たくさんあります。

二、あの山々(やまやま)に、たくさんの村(むら)があります。

三、山(やま)おくに、そ母(ぼ)の家(いえ)がありました。

四、*ふじ山(さん)に、のぼったことがありますか。

五、日本(にほん)は、火山(かざん)でいっぱいです。

六、山(さん)ちょうまで行(い)きました。

1. In Japan gibt es sehr viele Berge und Flüsse.
2. Im Gebirge gibt es viele Dörfer.
3. Das Haus meiner Oma stand tief in den Bergen.
4. Warst du schon mal auf dem Fujisan*?
5. In Japan gibt es viele Vulkane.
6. Ich habe es bis zum Gipfel geschafft.

*ふじ山(さん) - Kennt mancher Deutscher als Fujiyama. „山(やま)" wird in On-Lesung „**サン**" gelesen und dadurch verwechselt man das „**サン**" mit „**さん**" (Anrede „Herr" oder „Frau"). Hier heißt es „Berg".

次の言葉を使って、文をつくりましょう。

一、山

二、山々

三、山おく

四、ふじ山

五、火山

六、山ちょう

川

かわ・がわ

セン

川
かわ

ノ　川　川

川(かわ) -N (Fluss)	河川(かせん) -N (große und kleine Flüsse)
小川(おがわ) -N (Bach)	
川岸(かわぎし) -N (Flussufer)	
川上(かわかみ) -N (Oberlauf)	
川下(かわしも) -N (Unterlauf)	

川

一、その川(かわ)をわたるとマンハイムです。

二、うちの後(うし)ろに小川(おがわ)が流(なが)れています。

三、ライン川(がわ)の川岸(かわぎし)で石(いし)を集(あつ)めました。

四、川上(かわかみ)は、はこねです。

五、川下(かわしも)は、東京(とうきょう)です。

六、今(いま)、河川工事(かせんこうじ)を行(おこな)っています。

1. Wenn Sie diesen Fluss überqueren, sind Sie in Mannheim.
2. Hinter meinem Haus fließt ein kleiner Fluss.
3. Ich habe am Rheinufer Steine gesammelt.
4. Stromaufwärts liegt Hakone.
5. Am Ende des Flusses liegt Tokyo.
6. Im Moment machen wir Flussschutzarbeiten.

次の言葉を使って、文をつくりましょう。

一、川

二、小川

三、川岸

四、川上

五、川下

六、河川工事

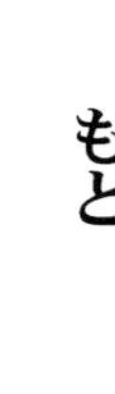

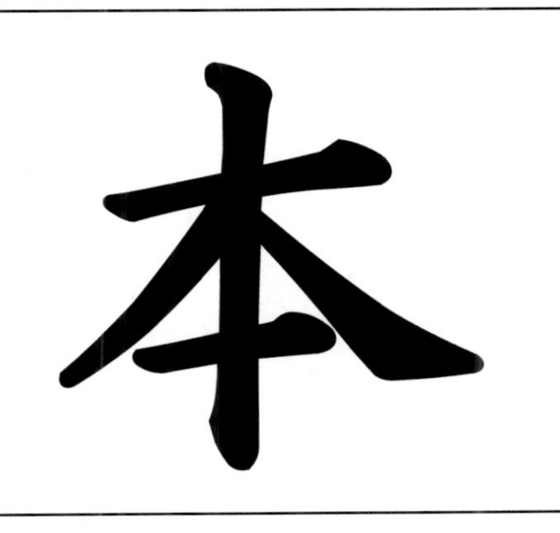

ホン・ボン・ポン

木
きへん

一　十　才　木　本

本（もと） -N (Basis)

本（ほん） -N (Buch)
日本（にほん） -N (Japan)
本屋（ほんや） -N (Buchladen)
本（ほん）だい -N (Hauptthema)
本気（ほんき） -Adj.2 (Ernst)

本

一、その木（き）の本（もと）をほって下（くだ）さい。
二、きのう、この本（ほん）を買（か）いました。
三、日本（にほん）は、島国（しまぐに）です。
四、今（いま）、本屋（ほんや）で買（か）い物（もの）をしています。
五、本（ほん）だいに入（はい）ります。
六、それは、本気（ほんき）ですか。

次の言葉を使って、文をつくりましょう。

一、本（もと）

二、本（ほん）

三、日本

四、本屋

五、本だい

六、本気

1. Graben Sie bitte den Baum mit der Wurzel aus.
2. Ich habe gestern dieses Buch gekauft.
3. Japan ist ein Inselstaat.
4. Ich bin gerade beim Einkaufen im Buchladen.
5. Wir kommen jetzt zum Hauptthema.
6. Meinen Sie das ernst?

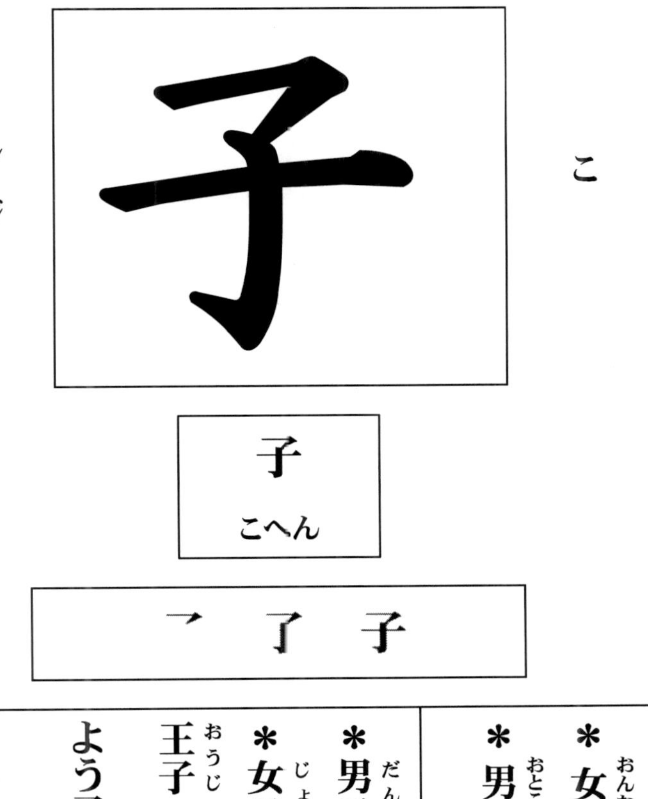

子(こ)ども -N (Kind)	＊男子(だんし) -Npl. (Jungen)
＊女(おんな)の子(こ) -N (Mädchen)	＊女子(じょし) -Npl. (Mädchen)
＊男(おとこ)の子(こ) -N (Junge)	王子(おうじ) -N (Prinz)
	よう子(し) -N (männliches Adoptivkind)
	利子(りし) -N (Zinsen)

子

一、あの子(こ)は、まだ王子(おうじ)さまのゆめをみています。

二、子(こ)どもは、半(はん)がくです。

三、男子(だんし)と女子(じょし)に別(わか)れて下(くだ)さい。

四、あの女(おんな)の子(こ)は、まだ四才(よんさい)です。

五、あの子(こ)は、三年前(さんねんまえ)、よう子(し)にとりました。

六、利子(りし)が高(たか)くて、むりです。

1. Dieses Kind träumt immer noch vom Prinzen.
2. Kinder zahlen den halben Preis.
3. Mädchen und Jungen mögen sich bitte trennen.
4. Dieses Mädchen ist erst vier Jahre alt.
5. Dieses Kind habe ich vor drei Jahren adoptiert.
6. Das geht leider nicht, weil die Zinsen zu hoch sind.

***男(おとこ)の子(こ), 女(おんな)の子(こ)** - Junge, Mädchen

***男子(だんし), 女子(じょし)** - Diese Wörter werden normalerweise im Schulbereich benutzt, nämlich wenn Mädchen und Jungen voreinander getrennt werden müssen (z.B. beim Toilettengang, beim Sport, im Umkleideraum).

次の言葉を使って、文をつくりましょう。

一、子ども

二、男の子

三、女子

四、王子さま

五、よう子

六、利子

おとこ

ナン
ダン

男

田
たへん

丶 口 囗 田 田 男 男

男(おとこ) -N (Mann/Kerl)
男の子(おとこのこ) -N (Junge)
男の人(おとこのひと) -N (Mann)

男子(だんし) -N (Männer)
男女(だんじょ) -N (Männer und Frauen)
＊長男(ちょうなん) -N (erster Sohn)
＊次男(じなん) -N (zweiter Sohn)
男性の方(だんせいのかた) -N (Mann/Gentleman)

男

一、あの男(おとこ)は、いやな奴(やつ)だ。
二、男の子(おとこのこ)が、生(う)まれました。
三、男子(だんし)は、右(みぎ)がわのへやに入(はい)って下(くだ)さい。
四、男女(だんじょ)にわかれて下(くだ)さい。
五、長男(ちょうなん)は、十五才(じゅうごさい)で、次男(じなん)は、八才(はっさい)です。
六、男性(だんせい)の方(かた)は、あちらでお待(ま)ち下(くだ)さい。

＊男	(unhöflich)
＊男の人	(normal)
＊男の方	(höflich)
＊男性の方	(sehr höflich)

1. Dieser Mann ist ein unangenehmer Kerl.
2. Ein Junge wurde geboren.
3. Jungen gehen bitte in das rechte Zimmer.
4. Mädchen und Jungen mögen sich bitte trennen.
5. Der erste Sohn ist fünfzehn Jahre alt und der zweite Sohn ist acht.
6. Herren bitte dort drüben warten.

*長男（ちょうなん） - der erste Sohn in der Familie sowie *次男（じなん） - der zweite Sohn in der Familie,
*三男（みなん） - der dritte Sohn in der Familie * 四男（よんなん） - der vierte Sohn in der Familie
*五男（ごなん） - der fünfte Sohn in der Familie und *六男（ろくなん） - der sechste Sohn in der Familie

次の言葉を使って、文をつくりましょう。

一、男の子

二、男の人

三、男性の方

四、男子

五、男女

六、三男（さん）

女

おんな

ジョ
ニョ

女
おんな

女(おんな) -N (Frau/Weib)	男女(だんじょ) -Npl. (Männer und Frauen)
女の子(おんなのこ) -N (Mädchen)	女子(じょし) -Npl. (Frauen)
女の人(おんなのひと) -N (Frau)	*長女(ちょうじょ) -N (erste Tochter)
	*次女(じじょ) -N (zweite Tochter)

一、その女(おんな)の子(こ)をエミと名(な)づけました。

二、このクラスは、男女合(だんじょあ)わせて二十四人(にじゅうよにん)です。

三、女子(じょし)のこういしつは、二(に)かいです。

四、うちには、長女(ちょうじょ)と次女(じじょ)がいます。来月(らいげつ)、三女(さんじょ)が生(う)まれます。

五、女性(じょせい)の方(かた)は、右(みぎ)がわのひかえしつにおねがいします。

六、このしゃしんの女(おんな)の人(ひと)は、だれですか。

*女	(unhöflich)
*女の人	(normal)
*女の方	(höflich)
*女性の方	(sehr höflich)

1. Wir nannten das Mädchen Mie.
2. In dieser Klasse sind insgesamt 24 Jungen und Mädchen.
3. Der Mädchen-Umkleideraum ist im zweiten Stock.
4. Wir haben zwei Töchter und wir bekommen im nächsten Monat eine dritte.
5. Wir bitten die Damen ins rechte Wartezimmer zu gehen.
6. Wer ist diese Frau auf dem Foto?

*長女(ちょうじょ) - das erste Mädchen in der Familie
*次女(じじょ) - das zweite Mädchen in der Familie
*三女(さんじょ) - die dritte Mädchen in der Familie
*四女(よんじょ) - das vierte Mädchen in der Familie
*五女(ごじょ) - das fünfte Mädchen in der Familie
*六女(ろくじょ) - das sechste Mädchen in der Familie

次の言葉を使って、文をつくりましょう。

一、女の子

二、女の人

三、女性

四、女子

五、三女

六、男女

復習問題

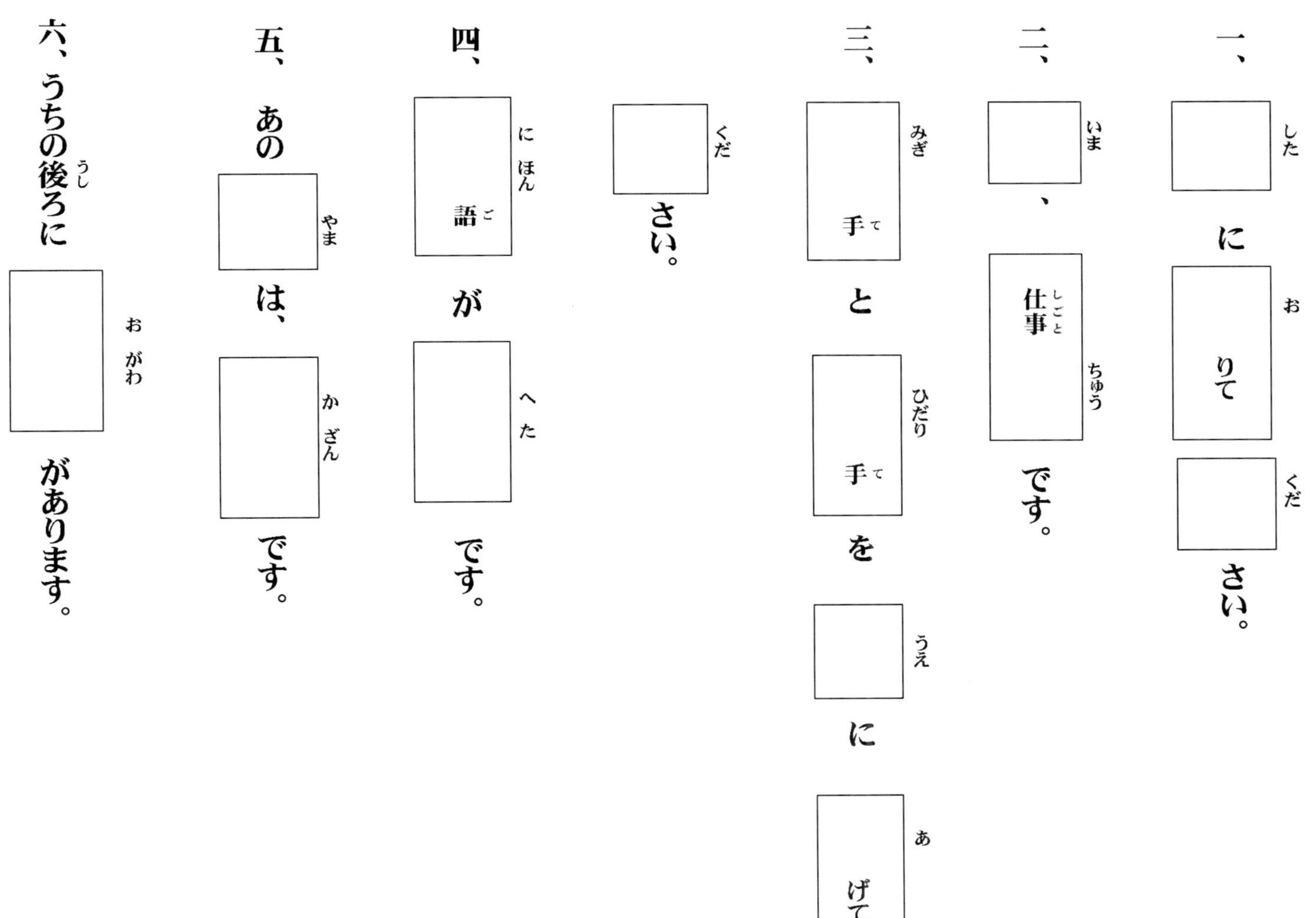

一、［　］(した)に［　りて］(お)［　］(くだ)さい。

二、［　］(いま)、［仕事(しごと)　］(ちゅう)です。

三、［手(て)］(みぎ)と［手(て)］(ひだり)を［　］(うえ)に［げて］(あ)［　］(くだ)さい。

四、［語(ご)］(にほん)が［　］(へた)です。

五、あの［　］(やま)は、［　］(かざん)です。

六、うちの後(うし)ろに［　］(おがわ)があります。

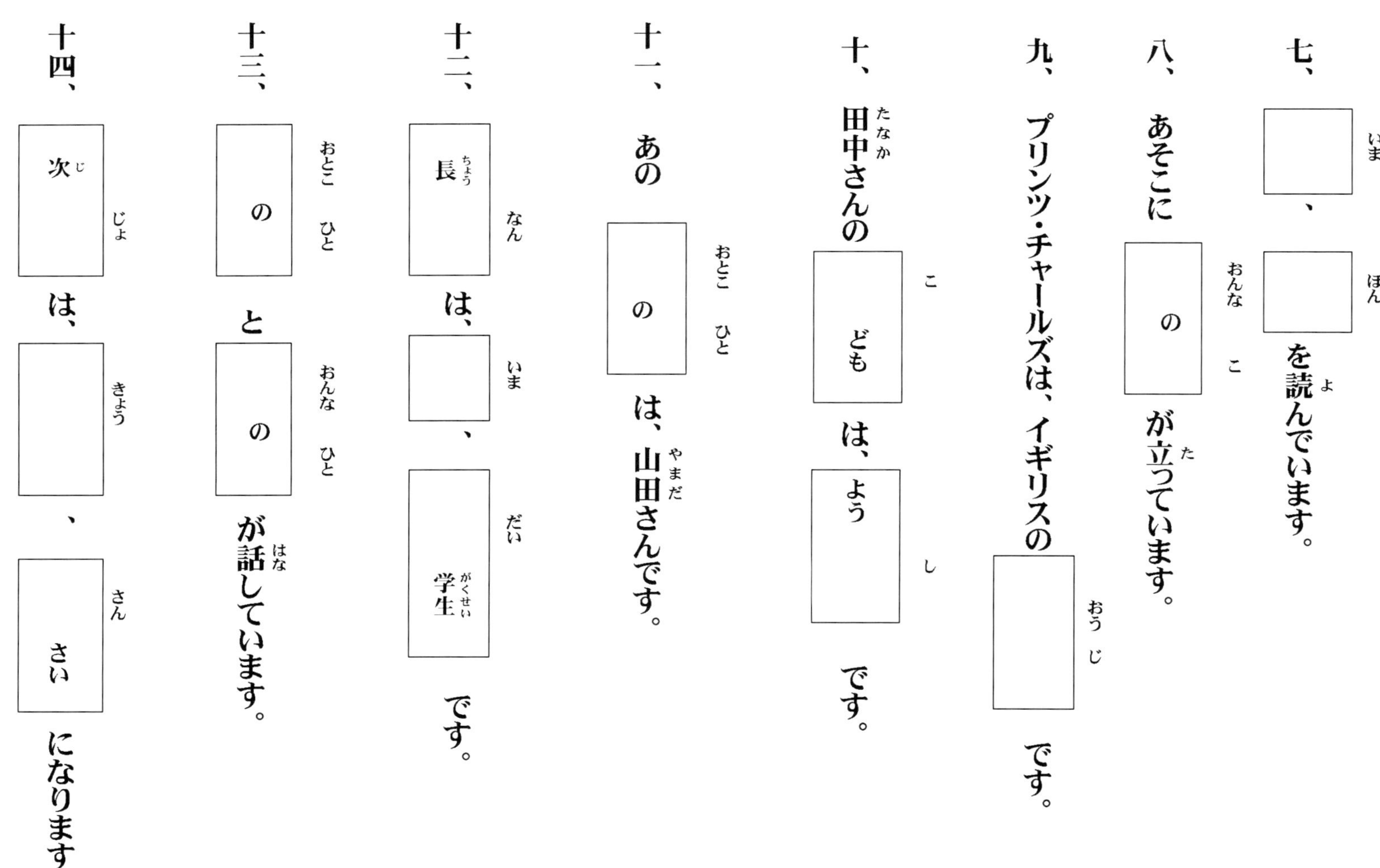

七、［　］（いま）、［　］（ほん）を読（よ）んでいます。

八、あそこに［　の　］（おんな　こ）が立（た）っています。

九、プリンツ・チャールズは、イギリスの［　］（おうじ）です。

十、田中（たなか）さんの［　ども］（こ）は、［よう　］（し）です。

十一、あの［　の　］（おとこ　ひと）は、山田（やまだ）さんです。

十二、［長（ちょう）　］（なん）は、［　］（いま）、［　学生（がくせい）］（だい）です。

十三、［　の　］（おとこ　ひと）と［　の　］（おんな　ひと）が話（はな）しています。

十四、［次（じ）　］（じょ）は、［　］（きょう）、［　さい］（さん）になります。

女	男	子	本	川	山	左	右	中	下

Antwort

一、下、下りて、下さい

二、今、仕事（しごと）中

三、右手、右足、上、上げて

四、日本語（ご）、下手

五、山、火山

六、小川

七、今、本

八、女の子

九、王（おう）子

十、子ども、よう子

十一、男の人

十二、長（ちょう）男、今、大

十三、男の人、女の人

十四、次（じ）女、今日、三さい

ちち

フ

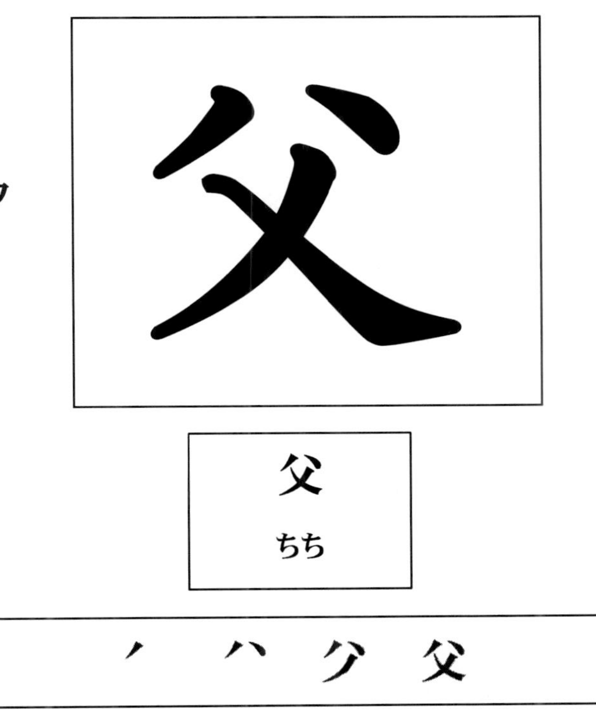

父(ちち) -N (mein Vater)	
父親(ちちおや) -N (Vater)	
父方(ちちかた) -N (Vaterseite)	
*お父(とう)さん -N (Vater als Anrede / Ihr Vater)	
祖父(そふ) -N (mein Großvater)	
父母(ふぼ) -N (Vater und Mutter)	
父兄会(ふけいかい) -N (Elternabend)	

父

一、父(ちち)は、今年(ことし)で、八十八才(はちじゅうはっさい)になります。

二、彼(かれ)の父(ちち)おやは、ドイツ人(じん)です。

三、「お父(とう)さん、おこづかい、ちょうだい。」

四、去年(きょねん)の四月(しがつ)に祖父(そふ)が、なくなりました。

五、これが、父母(ふぼ)のかたみです。

六、父(ちち)が、父兄会(ふけいかい)に出席(しゅっせき)します。

1. Mein Vater wird in diesem Jahr 88 Jahre alt.
2. Sein Vater ist ein Deutscher.
3. „Papa, gibst du mir das Taschengeld?“
4. Im April letzten Jahres ist mein Großvater gestorben.
5. Das ist ein Andenken von meinen Großeltern.
6. Mein Vater wird zu dem Elternabend kommen.

＊お父（とう）さん - Bitte beachten: Ausnahmelesung

次の言葉を使って、文をつくりましょう。

一、父

二、父親

三、お父さん

四、祖父

五、父母

六、父兄会

ボ

はは

母
はは

㇄ 口 母 母 母

母(はは) -N (meine Mutter)
ママ母(はは) -N (Stiefmutter)
母方(ははかた) -N (Mutterseite)

*お母(かあ)さん -N (Mutter als Anrede/ Ihre Mutter)

祖母(そぼ) -N (meine Großmutter)
父母会(ふぼかい) -N (Elternabend)
母国(ぼこく) -N (Vaterland)
母国語(ぼこくご) -N (Muttersprache)

母

一、じつの母(はは)ではありません。ママ母(はは)です。
二、母方(ははかた)の名前(なまえ)は、小川(おがわ)といいます。
三、「お母さん、今日(きょう)のごはん何(なに)。」
四、今(いま)から祖母(そぼ)のおみまいに行(い)きます。
五、来週(らいしゅう)の父母会(ふぼかい)に出席(しゅっせき)して下(くだ)さい。
六、母国語(ぼこくご)は、ドイツ語(ご)です。

母 ・ 毎

1. Sie ist nicht meine echte Mutter, sondern meine Stiefmutter.
2. Der Mädchenname meiner Mutter ist „Ogawa“.
3. „Mama, was gibt es heute zum Essen?“
4. Jetzt fahre ich meine kranke Großmutter besuchen.
5. Wir bitten Sie um Ihre Anwesenheit beim Elternabend in der nächsten Woche.
6. Meine Muttersprache ist Deutsch.

*お母(かあ)さん - Bitte beachten: Ausnahmelesung

次の言葉を使って、文をつくりましょう。

一、母

二、ママ母

三、母方

四、お母さん

五、父母会

六、母国語

友

ユウ　とも

又（また）

一　ナ　方　友

友（とも） -N (Freunde) 友だち（とも） -N (Freunde) 友の会（とも・かい） -N (Interessens-gemeinschaft)	友人（ゆうじん） -N (Freunde) 友情（ゆうじょう） -N (Freundschaft) 友好（ゆうこう） -N (freundschaftlich, formales Wort)

友

一、るいは、友（とも）をよぶ。(jap. Sprechwort)

二、今日（きょう）、友（とも）だちとえいがを見（み）に行（い）きます。

三、今日（きょう）の午後（ごご）、日本人形（にほんにんぎょう）の友（とも）の会（かい）に行（い）きます。

四、今度（こんど）の日曜日（にちようび）に友人（ゆうじん）とゴルフに行（い）きます。

五、私（わたし）たちは、かたい友情（ゆうじょう）でむすばれています。

六、たくさんの国々（くにぐに）が、友好（ゆうこう）じょうやくをむすびました。

*友（とも）	(wird verwendet im poetischen Sinne)
*友（とも）だち	(umgänglich)
*友人（ゆうじん）	(formal)

1. Gleich und Gleich gesellt sich gern.
2. Ich gehe (fahre) heute mit meinem Freund ins Kino.
3. Heute Nachmittag gehe (fahre) ich zur Versammlung des Japanische-Puppen-Vereins.
4. Kommenden Sonntag gehe (fahre) ich mit meinem Freund Golf spielen.
5. Wir sind durch eine feste Freundschaft verbunden.
6. Viele Länder haben einen Freundschaftsvertrag geschlossen.

次の言葉を使って、文をつくりましょう。

一、友

二、友だち

三、友人

四、友の会

五、友情

六、友好

先

さき

セン

儿
にんにょう

ノ 𠂉 ⺧ 生 𠂒 先

*先(さき) -N (Gegenstandsspitze, früher, *Zukunft)

先生(せんせい) -N (Lehrer)
先日(せんじつ) -Zeit. (vor einigen Tagen)
先月(せんげつ) -Zeit. (letzter Monat)
先祖(せんぞ) -N (Vorfahre)
先ぱい(せん) -N (Senior/in in der Schule oder am Arbeitsplatz)
先とう(せん) -N (an der Spitze, Vorne)

先

一、先(さき)に行(い)って下(くだ)さい。
二、ほうちょうの先(さき)が曲(ま)がっています。
三、内村(うちむら)さんは、日本語(にほんご)の先生(せんせい)です。
四、「先日(せんじつ)は、どうもありがとうございました。」
五、母方(ははかた)の先祖(せんぞ)は、さむらいでした。
六、先(せん)ぱいが、教(おし)えてくれました。
七、彼(かれ)が先(せん)とうに立(た)っています。

1. Bitte gehen Sie vor.
2. Die Spitze des Messers ist krumm.
3. Frau Uchimura ist Japanischlehrerin.
4. „Ich bedanke mich für das, was wir zuletzt gemacht haben."
5. Mütterlicherseits gibt es bei mir Samuraivorfahren.
6. Der ältere Schüler hat es mir beigebracht.
7. Er steht vorne.

＊先(さき) - Spitze von Gegenständen

- Dieses Kanji ist verwirrend, weil es zwei gegensätzliche Bedeutungen hat, nämlich „früher" und „Zukunft". In der Kun-Lesung sagt man „zeitlich voraussein". Die On-Lesung (mit anderen Kanji zusammen) lautet meistens „früher".
- Unterschied zu „**前**": Dieses Kanji bedeutet „früher" und „vorne" sowohl in der Kun-als auch in der On- Lesung.
- **まだ、先**(さき)**の話**(はなし)**です。**: Das heißt „bis dahin dauert es noch lang" oder „bis dahin haben Wir noch viel Zeit" oder „was das angeht, es ist für die spätere Zukunft, wir brauchen uns in Moment keine Gedanken zu machen".
- **先**(さき)**に行**(い)**ってください。**: „Bitte gehen Sie vor." Das heißt, dass Sie zeitlich voraus sind.
- **お先**(さき)**にどうぞ。**: „Fahren Sie zuerst fort (vor mir)" heißt auch, dass Sie zeitlich voraus sind.

次の言葉を使って、文をつくりましょう。

一、先

二、先生

三、先日

四、先月

五、先ぱい

六、先とう

生

セイ
ショウ

う・まれる
う・む
い・きる
は・える
なま

生
うまれる

ノ 𠂉 牛 牛 生

- 生(う)まれる -intrans. (ist geboren)
- 生(う)む -trans. (gebären)
- 生(い)きる -V (leben)
- 生(い)き物(もの) -N (Lebewesen)
- ＊生(は)える -V (sprießen, wachsen)
- 生(なま) -N (roh)

- 生物(せいぶつ) -N (Lebewesen)
- 人生(じんせい) -N (Menschenleben)
- 一生(いっしょう) -N (Lebenszeit, ganzes Leben)

生

一、赤(あか)ちゃんが、生(う)まれました。

二、彼女(かのじょ)は、十二人(じゅうににん)も子(こ)どもを生(う)みました。

三、そのネコは、まだ生(い)きています。

四、だんだん毛(け)が生(は)えてきました。

五、生(なま)むぎ、生(なま)ごめ、生(なま)たまご (Zungenbrecher)

六、彼(かれ)の一生(いっしょう)について、本(ほん)を書(か)きました。

生 ・ 王 玉 主

1. Ein Baby ist geboren worden.
2. Sie gebar zwölf Kinder.
3. Diese Katze lebt noch.
4. Langsam wachsen die Haare.
5. roher Weizen, roher Reis und rohes Ei
6. Ich habe ein Buch über sein Leben geschrieben.

*生(は)える - Das Wort „sprießen“ benutzt man normalerweise für Pflanzen, aber auch fürs Haar.

次の言葉を使って、文をつくりましょう。

一、生まれる

二、生む

三、生きる

四、生える

五、生

六、人生

ガク・ガッ

子
こへん

丶 丷 ⺍ ⺍ 𭕄 ⺍ 学 学

*学ぶ（まな） -V (lernen)	学校（がっこう） -N (Schule) 大学（だいがく） -N (Universität) 中学生（ちゅうがくせい） -N (Mittelschüler) 学問（がくもん） -N (Wissenschaft) 数学（すうがく） -N (Mathematik) てつ学（がく） -N (Philosophie)

学

一、今（いま）、大学（だいがく）で、哲学（てつがく）を学（まな）んでいます。

二、娘（むすめ）は、来年（らいねん）から、大学生（だいがくせい）です。

三、次男（じなん）は、中学生（ちゅうがくせい）です。

四、数学（すうがく）が、とくいですか。

五、人間（にんげん）は、学問（がくもん）によって成長（せいちょう）する。

六、学生時代（がくせいじだい）の友人（ゆうじん）です。

1. In Moment studiere ich Philosophie an der Uni.
2. Meine Tochter wird nächstes Jahr Studentin.
3. Mein zweiter Sohn ist Mittelschüler.
4. Sind Sie gut in Mathematik?
5. Menschen entwickeln sich durch Wissenschaft.
6. Das ist ein Freund aus der Schulzeit.

* Was ist der Unterschied zwischen **学ぶ(まな)、習う(なら)** und **勉強する(べんきょう)**? (siehe auch S. 239 in Band 2)

学ぶ(まな) - allgemeiner Begriff für „lernen" in formaler oder poetischer Form

習う(なら) - Ihnen wird etwas von jemandem beigebracht.

勉強する(べんきょう) - Sie beschäftigen sich mit etwas.

次の言葉を使って、文をつくりましょう。

一、学ぶ

二、学校

三、大学

四、中学生

五、学問

六、数学

コウ

木
きへん

一 十 才 木 木' 杧 杧 柼 校 校

学校(がっこう) -N (Schule)

校内(こうない) -N (innerhalb der Schule)

小学校(しょうがっこう) -N (Grundschule)

中学校(ちゅうがっこう) -N (Mittelschule)

高校(こうこう) -N (Oberschule)

せんもん学校(がっこう) -N (Fachhochschule/Fachschule)

校

一、日本(にほん)では、十五才(じゅうごさい)まで、学校(がっこう)に行(い)かなければなりません。

二、小学校(しょうがっこう)は、すぐそばにあります。

三、あの山(やま)をこえると、中学校(ちゅうがっこう)があります。

四、次男(じなん)は、今(いま)、高校生(こうこうせい)です。

五、娘(むすめ)は、今(いま)、せんもん学校(がっこう)の学生(がくせい)です。

六、校内(こうない)で、たばこをすわないで下(くだ)さい。

1. In Japan müssen Kinder mindestens bis zum Alter von 15 Jahren die Schule besuchen.
2. Die Grundschule ist in der Nähe.
3. Hinter diesem Berg gibt es eine Mittelschule.
4. Der zweite Sohn ist gerade High-School-Schüler.
5. Meine Tochter ist im Moment eine Fachschülerin.
6. Bitte in der Schule nicht rauchen.

次の言葉を使って、文をつくりましょう。

一、学校

二、校内

三、小学校

四、中学校

五、高校

六、せんもん学校

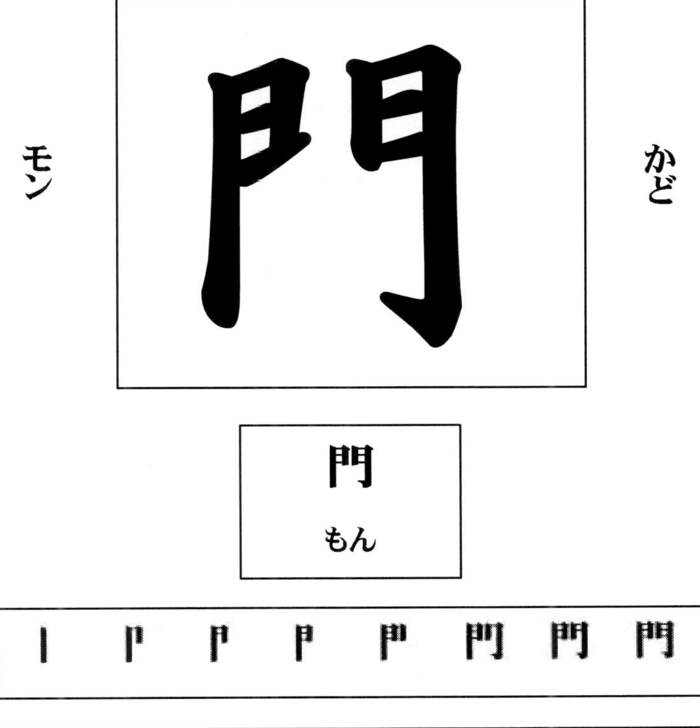

*門(かど) -N (Tor, Eingang)

*門松(かどまつ) -N (Kadomatsu)

*門(もん) -N (Tor)

門番(もんばん) -N (Torwächter)

入門(にゅうもん) -N (Eintritt durch ein Tor = Einführung eines neuen Fachbereichs)

専門(せんもん) -N (Fachgebiet)

門

一、わらう門(かど)には、福(ふく)来(き)たる。(Sprichwort)

二、門(もん)の右(みぎ)と左(ひだり)に門(かど)まつをかざった。

三、門(もん)を閉(し)める時間(じかん)だ。

四、門番(もんばん)がきびしくて中(なか)に入(い)れません。

五、漢字入門(かんじにゅうもん)の本(ほん)を買(か)いました。

六、私(わたし)の専門(せんもん)は、日本語学(にほんごがく)です。

1. Das Glück tritt gerne in ein Haus ein, in dem Frohsinn herrscht.
2. Ich habe die rechte und linke Seite des Tors mit Kadomatsu dekoriert.
3. Es ist jetzt Zeit, um das Tor zu schließen.
4. Wir können da wegen der strengen Kontrolle durch die Wächter nicht reingehen.
5. Ich habe ein Buch für Kanji-Anfänger gekauft.
6. Mein Fach ist die Sprache Japanisch.

*門(かど) - Diese Lesung kommt nur im Zusammenhang mit alten Weisheiten bzw. Sprichwörtern vor.

*門松(かどまつ) - japanische traditionelle Neujahrsdekoration aus Kieferzweigen, Papier, Bambus und manchmal mit Mandarinen versehen

*門(もん) - Das ist das Außentor des Hauses, das sein Grundstück begrenzt. Es ist meistens mit einem Zaun verbunden.

次の言葉を使って、文をつくりましょう。

一、門

二、門番

三、入門

四、専門

聞

き・く

ブン

門

もんがまえ

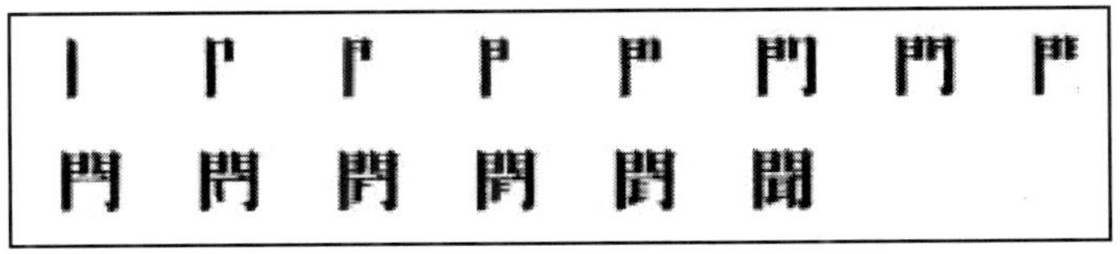

聞(き)く -V (hören, fragen)

新聞(しんぶん) -N (Zeitung)

聞

一、あの人(ひと)に道(みち)を聞(き)きました。

二、ラジオを聞(き)いています

三、今朝(けさ)の新聞(しんぶん)を読(よ)みましたか。

1. Ich habe den Mann nach dem Weg gefragt.
2. Ich höre Radio.
3. Haben Sie die Zeitung von heute Morgen gelesen?

次の言葉を使って、文をつくりましょう。

一、聞く

二、新聞

あ・ける
ひら・く

カイ

開

門
もんがまえ

丨 𠃌 𠃍 𠃑 門 門 門 門 開 ...

＊開(あ)ける -V (öffnen) ＊開(ひら)く -V (öffnen)	開店(かいてん) -する N (Geschäfts-eröffnung/-öffnung) 開会(かいかい) -する N (Veranstaltungseröffnung) 開園(かいえん) -する N (Öffnen/Eröffnung einen/eines öffentlichen Parks/Gartens) 公開(こうかい) -する N (öffentliche Zugänglichkeit)

開

一、まどを開(あ)けましょう。

二、きょうか書(しょ)の三十四(さんじゅうよん)ページを開(ひら)いて下(くだ)さい。

三、あの新(あたら)しい店(みせ)は、先週(せんしゅう)、開店(かいてん)しました。

四、校長先生(こうちょうせんせい)から開会(かいかい)のごあいさつです。

五、開園時間(かいえんじかん)は、何時(いつ)ですか。

六、この本(ほん)を公開(こうかい)します。

1. Lass uns das Fenster öffnen.
2. Schlagen Sie bitte das Lehrbuch auf Seite 34 auf.
3. Das neue Geschäft hat letzte Woche geöffnet.
4. die Rede unseres Rektors zur Eröffnung dieser Veranstaltung
5. Wann sind die Öffnungszeiten?
6. Ich werde dieses Buch veröffentlichen.

*Der Unterschied zwischen diesen Verben ist nicht klar definierbar. Es kommt darauf an, mit welchem Wort sie verwendet werden.

*開ける⇔閉める：まどを開ける、ふたを開ける、店を開ける (zur bestimmten Uhrzeit das Geschäft öffnen)

：門を閉める、ふたを閉める、カーテンを閉める

*開く⇔閉じる - etwas Endgültiges tun

：とびらを開く、本を開く、店を開く (die Eröffnung des Geschäfts)、会を開く

：ドアが閉じる、本を閉じる、口を閉じる、店を閉じる (danach gibt es dieses Geschäft nicht mehr)

次の言葉を使って、文をつくりましょう。

一、開ける
二、開く
三、開店
四、開会
五、開園
六、公開

復習問題（ふくしゅうもんだい）

一、［　］（ちち）は、ホンダの会社（かいしゃ）いんです。

二、木村（きむら）さんの［　国語（こくご）］（ぼ）は、何（なん）ですか。

三、［　］（はは）は、ピアニストです。

四、トーマスさんは、ドイツの［　］（ゆう　じん）です。

五、［　］（だい　がく）で［　だち］（とも）がたくさんできました。

六、［　］（に　ほん　じん）は、朝（あさ）、よく［　たまご］（なま）を食（た）べます。

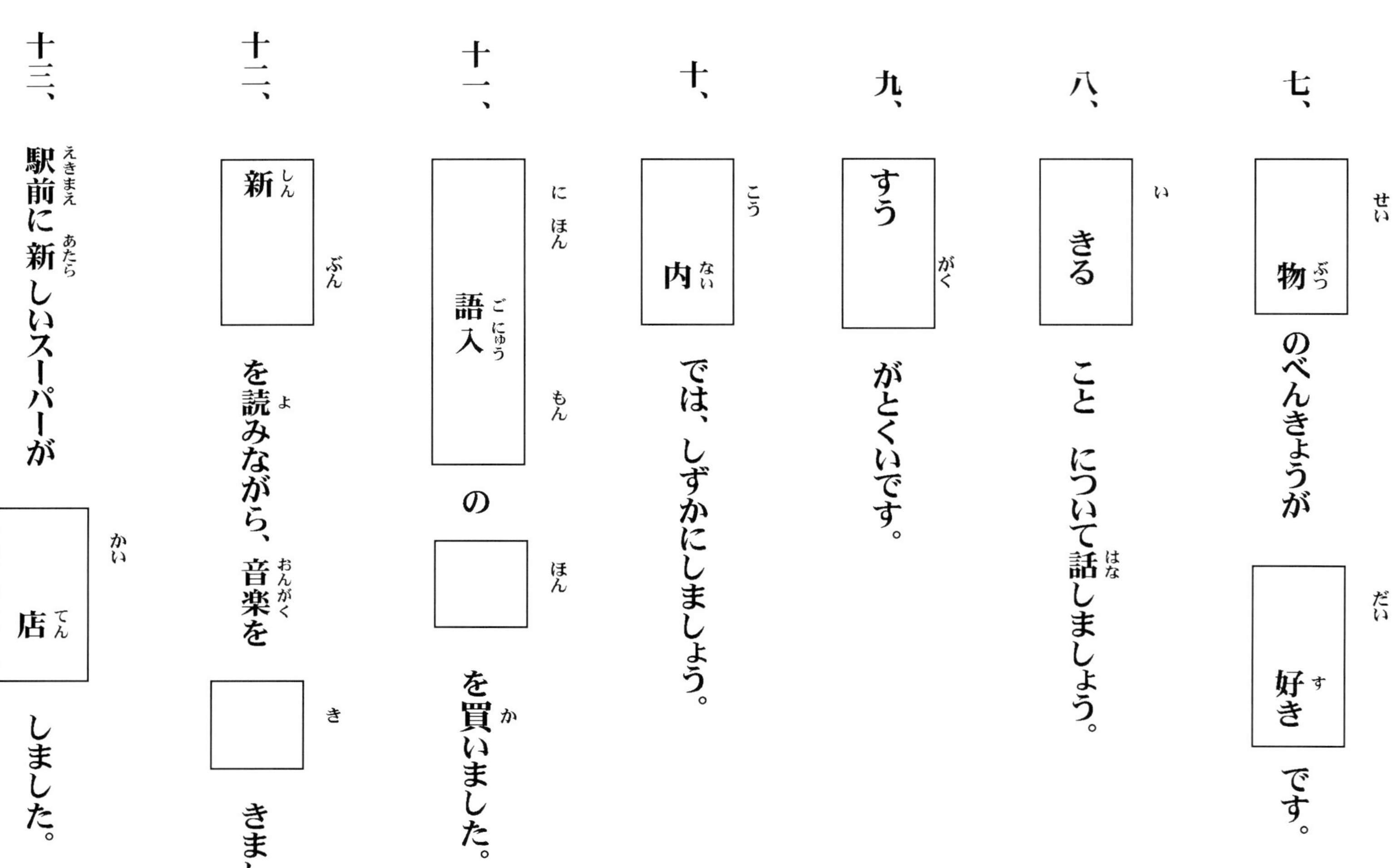

七、［せい］物（ぶつ）のべんきょうが［だい］好（す）きです。

八、［い］きること　について話（はな）しましょう。

九、すう［がく］がとくいです。

十、［こう］内（ない）では、しずかにしましょう。

十一、［に　ほん］語（ご）入（にゅう）［もん］の［ほん］を買（か）いました。

十二、新（しん）［ぶん］を読（よ）みながら、音楽（おんがく）を［き］きました。

十三、駅前（えきまえ）に新（あたら）しいスーパーが［かい］店（てん）しました。

開	聞	門	校	学	生	先	友	母	父

Antwort

一、父

二、母国語（こくご）

三、母

四、友人

五、大学、友

六、日本人、生

七、生物（ぶつ）、大好（す）き

八、生きる

九、すう学

十、校内（ない）

十一、日本語（ご）入（にゅう）門、本

十二、新（しん）聞、聞

十三、開店（てん）

閉

ヘイ

と・じる
し・める
し・まる

門
もんがまえ

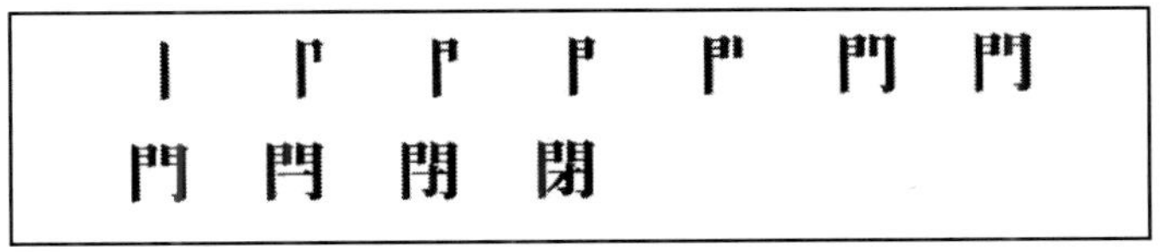

*閉(と)じる -v (etwas schließen)
*閉(し)める -trans. (etwas schließen)
*閉(し)まる -intrans. (sich schließen)
閉館(へいかん) -する N (Schließen eines öffentlichen Gebäudes)
閉店(へいてん) -する N (Schließen eines Geschäfts)

閉

一、本(ほん)を閉(と)じました。
二、先生(せんせい)がまどを閉(し)めました。
三、風(かぜ)でまどが閉(し)まりました。
四、もう、閉館(へいかん)しました。
五、後十分(あとじゅっぷん)で閉店(へいてん)します。
六、オリンピックの閉会式(へいかいしき)は、午後二時(ごごにじ)です。

1. Ich habe das Buch geschlossen.
2. Der Lehrer hat das Fenster geschlossen.
3. Das Fenster ist durch den Wind geschlossen worden.
4. Es ist schon geschlossen.
5. Wir schließen das Geschäft in zehn Minuten.
6. Die Abschlussfeier beginnt um 14 Uhr.

***閉(と)じる** - eine Aktivität abschließen. Siehe **開**.

***閉(し)める** - xx **を閉める。**

***閉(し)まる** - xx **が閉まる。**

次の言葉を使って、文をつくりましょう。

一、閉じる

二、閉める

三、閉まる

四、閉館(かん)

五、閉店(てん)

何

なに
なん

人・亻
にんべん

丿 亻 仁 仃 何 何 何

何（なに） -W (was?)

何ですか。（なん） -W (Was? in standardhöflicher Form)

何時（なんじ） -W (wie viel Uhr?)

何まい（なん） -W (wie viele flache Gegenstände?)

何こ（なん） -W (wie viele runde Gegenstände?)

何ばい（なん） -W (wie viele Tassen oder Schüsseln?)

何

一、**飲み物は、何がありますか。**（飲（の）み物（もの）、何（なに））

二、**何もありません。**（何（なに））

三、**それは、何ですか。**（何（なん））

四、**今、何時ですか。**（今（いま）、何時（なんじ））

五、**りんごを何個買いますか。**（何個（なんこ）、買（か））

六、**お酒を何ばい飲みましたか。**（酒（さけ）、何（なん）、飲（の））

1. Was gibt es zu trinken?
2. Es gibt nichts.
3. Was ist das?
4. Wie viel Uhr ist es jetzt?
5. Wie viele Äpfel kaufen Sie?
6. Wie viel Sake hast du getrunken?

次の言葉を使って、文をつくりましょう。

一、何

二、何人

三、何時

四、何まい

五、何こ

六、何だい

時

ジ　とき

日
ひへん

丨 ⺆ ⺇ 日 日⺊ 日⺊ 𣅀 𣅀 時 時

時(とき) -N (Zeit)

*時計(とけい) -N (Uhr)

時間(じかん) -N (Zeit)

一時(いちじ) -N-Zeit. (ein/13 Uhr)

時代(じだい) -N (Epoche)

当時(とうじ) -Zeit. (damals)

時

一、時間(じかん)がある時(とき)、ぜひ、来(き)て下(くだ)さい。

二、もう時間(じかん)がありません。

三、今(いま)、午後一時(ごごいちじ)です。

四、時計(とけい)をもっていますか。

五、あの時代(じだい)は、よかった。

六、当時(とうじ)、父(ちち)は、けいさつかんでした。

1. Wenn Sie Zeit haben, kommen Sie bei mir vorbei.
2. Es ist keine Zeit mehr.
3. Es ist jetzt dreizehn Uhr.
4. Haben Sie eine Uhr?
5. Das war eine gute Zeit.
6. Mein Vater war damals ein Polizist.

*時計（とけい） - Bitte beachten: Ausnahmelesung

次の言葉を使って、文をつくりましょう。

一、時

二、時間

三、二時

四、時計

五、時代

六、当時

間

あいだ　ま

カン　ゲン

門
もんがまえ

丨 ﾄ ﾄ ﾄ ﾄ 門 門 門 門 閆 閆 間

間（あいだ）-N (zwischen)
*間（ま）-N (ein kleiner Moment, ein kleiner Platz)
一時間（いちじかん）-N (für eine Stunde)
時間（じかん）-N (Zeit, Uhrzeit)
中間（ちゅうかん）-N (mittendrin)
仲間（なかま）-N (Kumpel/Freunde/Kollegen)
人間（にんげん）-N (Mensch)

一、ひめじは、ならとひろしまの 間（あいだ） にあります。
二、桜（さくら）の花（はな）が*あっ、という間（ま）にちってしまった。
三、一時間（いちじかん）ぐらいで、そちらに着（つ）きます。
四、明日（あした）、仲間（なかま）と山（やま）にのぼります。
五、まだ、時間（じかん）があります。
六、私（わたし）たちは、人間（にんげん）という生（い）き物（もの）です。

間

次の言葉を使って、文をつくりましょう。

一、間

二、時間

三、三時間

四、中間

五、仲間

六、人間

*あっ、という間(ま)に - in einem Schlag, ganz schnell, auf einmal

1. Himeji ist zwischen Nara und Hiroshima.
2. In einem Schlag sind die Kirschblüten verwelkt.
3. In etwa einer Stunde werde ich dasein.
4. Ich steige morgen mit meinen Freunden auf den Berg.
5. Wir haben noch Zeit.
6. Wir sind Lebewesen genannt „Menschen“.

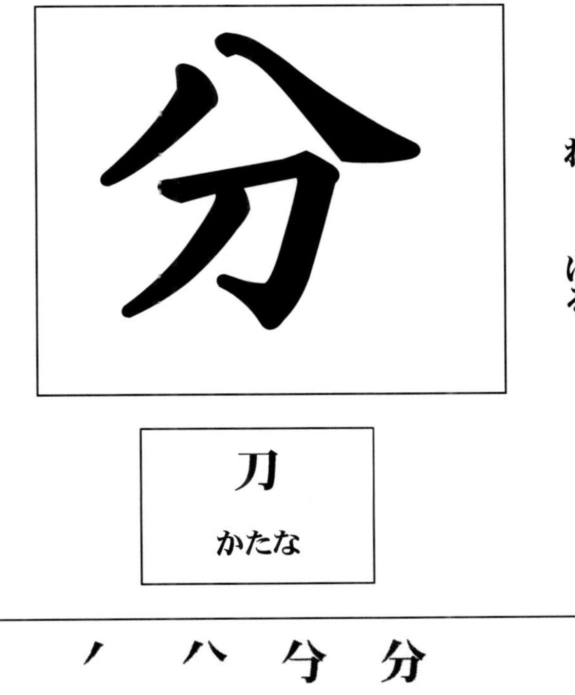

刀
かたな

ノ 八 分 分

分ける -V (aufteilen)

一分 -Zahlw. (eine Minute)
半分 -N (Hälfte)
五分の一 -Zahlw. (ein Fünftel)
分数 -N (Bruchrechnung)
分野 -N (Fachgebiet)

分

一、二人で分けて食べて下さい。
二、あと一分しかありません。
三、半分ずつ分けましょう。
四、世界の五分の一が、中国人です。
五、分数けいさんは、とくいですか。
六、その分野は、にがてです。

1. Teilen Sie es bitte in zwei Hälften und essen Sie es.
2. Wir haben nur noch eine Minute.
3. Lass uns das halbieren.
4. Ein Fünftel der Weltbevölkerung besteht aus Chinesen.
5. Können Sie gut bruchrechnen?
6. Ich bin in dem Fach leider nicht gut.

次の言葉を使って、文をつくりましょう。

一、分ける

二、四分（よんぷん）

三、半分

四、十分の一（じゅうぶん）

五、分数

六、分野

なか・ば

ハン

十

じゅう

丶 丷 丷 兰 半

半ば（なか）	-N (in der Mitte)
半（はん）	-N (halbe Stunde)
半分（はんぶん）	-Zahlw. (Hälfte)
半円（はんえん）	-N (halber Kreis)
半月（はんつき）	-N (halber Monat)

半

一、一月（いちがつ）の半（なか）ばごろ、また来（き）て下（くだ）さい。

二、一時半（いちじはん）の電車（でんしゃ）で行（い）きます。

三、まだ半分（はんぶん）ぐらいあります。

四、もう半分（はんぶん）しかありません。

五、半分（はんぶん）にわって食（た）べます。

六、あと半月（はんつき）ぐらいでビルができます。

半・牛午羊

1. Kommen Sie bitte noch mal Mitte Januar.
2. Ich fahre mit dem Zug, der um halb zwei fährt.
3. Es gibt noch etwa die Hälfte.
4. Es gibt nur noch die Hälfte.
5. Ich breche es in der Mitte durch und esse es dann.
6. Es dauert noch etwa einen halben Monat, bis dieses Gebäude fertig ist.

次の言葉を使って、文をつくりましょう。

一、半ば

二、九時半

三、半分

四、半円

五、半月

六、半年

（うま）

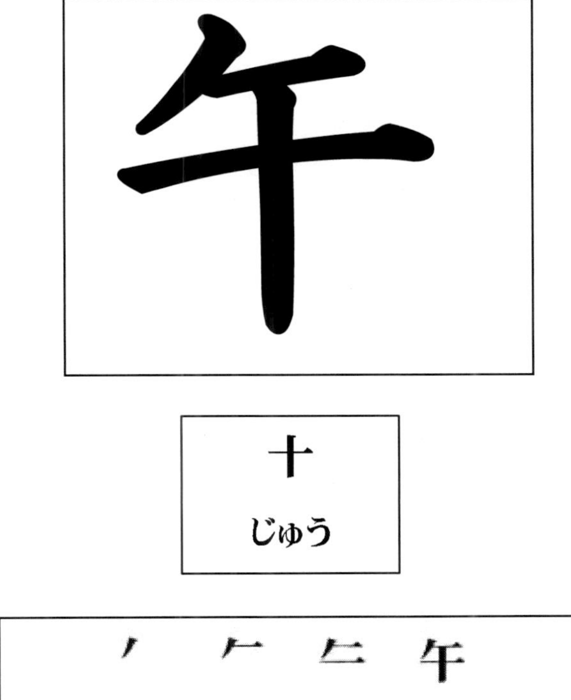

ゴ

*午(うま) -N (Pferd in chinesischen Tierkreis)	正午(しょうご) -Zeit (genau zwölf Uhr mittags) 午後(ごご) -N-Zeit. (Nachmittag/PM) 午前(ごぜん) -N-zeit. (Vormittag/AM)

午

一、兄(あに)は、午年(うまどし)生(う)まれです。

二、正午(しょうご)ここに集(あつ)まって下(くだ)さい。

三、ドイツの午後一時(ごごいちじ)は、日本(にほん)の午後九時(ごごくじ)です。

四、午前中(ごぜんちゅう)に家事(かじ)をすませて下(くだ)さい。

午 ・ 牛 半

1. Mein großer Bruder ist im Jahr des Pferdes geboren.
2. Versammeln Sie sich bitte um zwölf Uhr mittags.
3. 13 Uhr in Deutschland ist nach japanischer Zeit 21 Uhr.
4. Kümmern Sie sich bitte am Vormittag um Ihren Haushalt.

*午(うま) - das chinesische Zeichen für „Pferd“: In Japan benutzt man es nur für das Tierkreiszeichen.

次の言葉を使って、文をつくりましょう。

一、午年
二、正午
三、午後
四、午前

前

ゼン　　まえ

刂
りっとう

（Strichfolge）前

*前(まえ) -N (vor / vorne)

午前(ごぜん) -N-Zeit. (Vormittag)

以前(いぜん) -Zeit. (früher)

前半(ぜんはん) -N (erste Hälfte)

前方(ぜんぽう) -N (vordere Richtung)

前進(ぜんしん) -する N (vormarschieren)

前

一、その前(まえ)の日(ひ)に雨(あめ)がふりました。

二、午前中(ごぜんちゅう)に仕上(しあ)げて下(くだ)さい。

三、以前(いぜん)、その町(まち)に行(い)ったことがあります。

四、今(いま)ちょうど、しあいの前半(ぜんはん)がおわりました。

五、前方(ぜんぽう)をよく見(み)て下(くだ)さい。

六、東(ひがし)に向(む)かって前進(ぜんしん)して下(くだ)さい。

次の言葉を使って、文をつくりましょう。

一、前

二、午前

三、以前

四、前半

五、前方

六、前進

1. Einen Tag vorher hat es geregnet.
2. Machen Sie das bitte am Vormittag fertig.
3. Sind Sie schon mal hier gewesen?
4. Die erste Halbzeit ist jetzt gerade beendet.
5. Bitte schau nach vorn.
6. Marschieren Sie Richtung Osten.

*前(まえ) - siehe 先(せん)

後

うし・ろ
あと

ゴ
コウ

彳
ぎょうにんべん

丿 彡 彳 彳' 彳ᐟ 彸 彾 後 後

後ろ(うし) -N (hinten)	**午後**(ごご) -N-Zeit. (Nachmittag)
後(あと) -N (später/danach)	**後日**(ごじつ) -Zeit. (in den nächsten Tagen)
	今後(こんご) -Zeit. (von jetzt an)
	後半(こうはん) -N (zweite Hälfte)

後

一、うちの後(うし)ろに川(かわ)があります。

二、その後(ご)、みんなでいっしょに食事(しょくじ)をしました。

三、午後三時(ごごさんじ)におやつを食(た)べます。

四、後日(ごじつ)、れんらくします。

五、今後(こんご)、気(き)をつけて下(くだ)さい。

六、後半(こうはん)は、前半(ぜんはん)よりよかったです。

1. Es gibt hinter meinem Haus einen Fluss.
2. Danach haben wir alle zusammen gegessen.
3. Um 15 Uhr gibt es Kaffee und Kuchen. (おやつ heißt in Japan nicht unbedingt „Kaffee und Kuchen“. Man isst auch Obst oder nimmt eine kleinere Mahlzeit ein.)
4. Ich werde mich in den nächsten Tagen melden.
5. Bitte achten Sie in Zukunft darauf.
6. Die zweite Hälfte war besser als die erste Hälfte.

次の言葉を使って、文をつくりましょう。

一、後ろ

二、後

三、午後

四、後日

五、今後

六、後半

マイ

毋
なかれ

ノ 𠂉 仁 毎 毎 毎

- 毎日（まいにち） -Zeit. (jeden Tag)
- 毎朝（まいあさ） -Zeit. (jeden Morgen)
- 毎週（まいしゅう） -Zeit. (jede Woche)
- 毎月（まいつき） -Zeit. (jeden Monat)
- ＊毎回（まいかい） -Zeit. (jedes Mal)
- ＊毎度（まいど） -Zeit. (jedes Mal)

毎

一、毎日（まいにち）、一人（ひとり）で食事（しょくじ）をします。

二、毎朝（まいあさ）、六時半（ろくじはん）におきます。

三、毎週（まいしゅう）、月曜日（げつようび）に洗（せん）たくをします。

四、毎月一回（まいつきいっかい）、学生時代（がくせいじだい）の友（とも）だちと会（あ）います。

五、がんばっても、毎回（まいかい）しっぱいします。

六、毎度（まいど）、ありがとうございます。

毋・母

1. Ich esse jeden Tag allein.
2. Jeden Morgen stehe ich um halb sieben auf.
3. Ich wasche meine Wäsche jeden Montag.
4. Ich treffe mich einmal im Monat mit Leuten aus der Studienzeit.
5. Ich verliere jedes Mal, obwohl ich mich so anstrenge.
6. Vielen Dank für Ihren Besuch bzw. Einkauf. (Rdw.)

***毎回**(まいかい) - Dieses Wort benutzt man im täglichen Umgang. Man kann es durch **いつも** ersetzen.

***毎度**(まいど) - Dieses Wort benutzt man fast nur in einem Fall wie diesem.

次の言葉を使って、文をつくりましょう。

一、毎日

二、毎朝

三、毎週

四、毎月

五、毎年

六、毎回

復習問題（ふくしゅうもんだい）

一、ドアを［　　］（し）めて下（くだ）さい。

二、この町（まち）の図書館（としょかん）は、［　　］（ごご）（ごじ）［　　館（かん）］（へい）します。

三、［　　］（あした）の［　　］（なんじ）にどこで会（あ）いますか。

四、［　　計（けい）］（と）をもっていますか。

五、［　　］（じかん）をまもって下（くだ）さい。

六、［　　］（ふたり）でなかよく［　　］（わ）けて食（た）べてね。

七、十（じゅう）の［　　の　　］（にぶん）（いち）は、五（ご）だ。

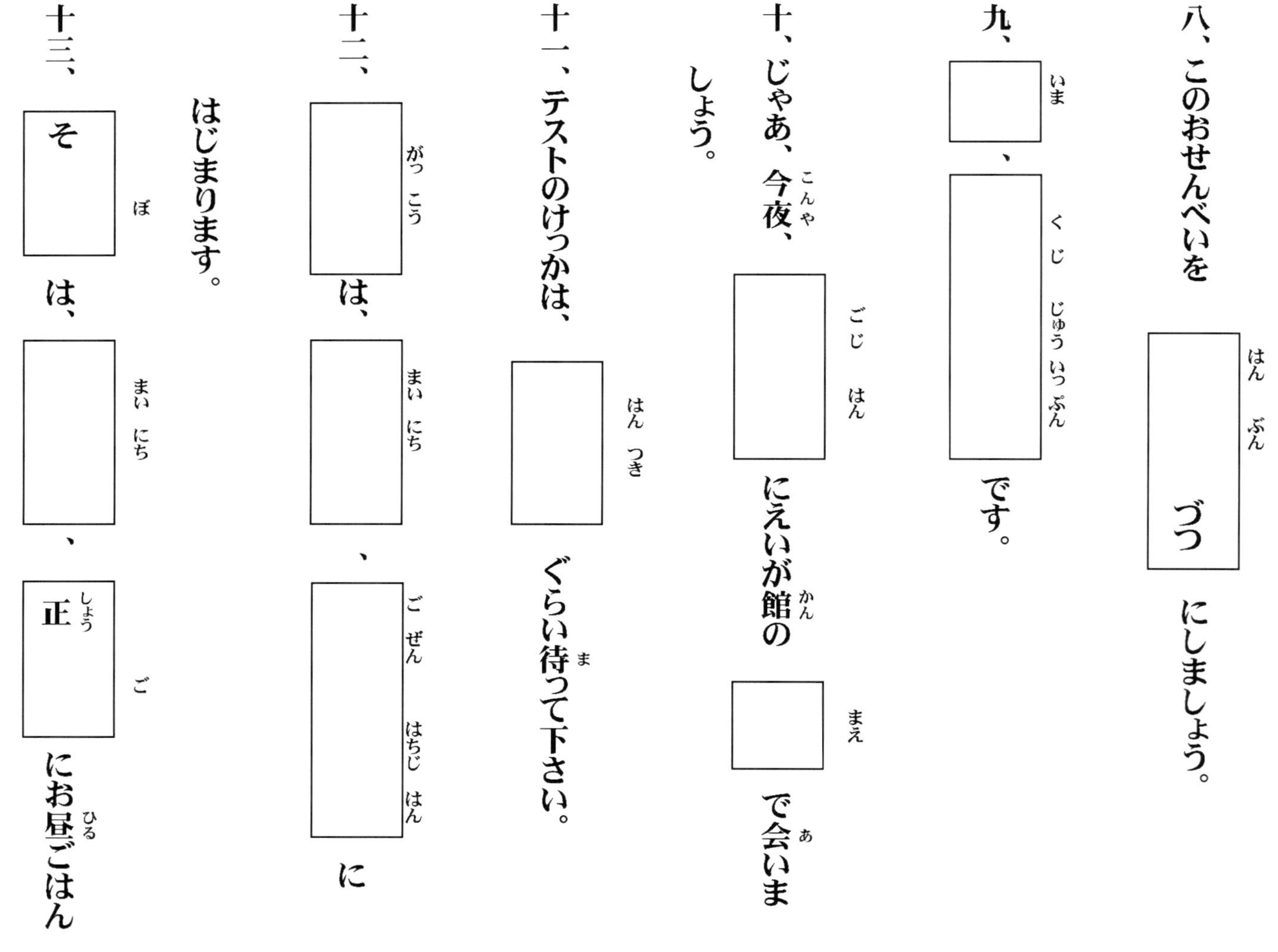

八、このおせんべいを［　　（はんぶん）づつ］にしましょう。

九、［　　（いま）］、［　　（くじじゅういっぷん）］です。

十、じゃあ、今夜（こんや）、［　　（ごじはん）］にえいが館（かん）の［　　（まえ）］で会（あ）いましょう。

十一、テストのけっかは、［　　（はんつき）］ぐらい待（ま）って下さい。

十二、［　　（がっこう）］は、［　　（まいにち）］、［　　（ごぜんはちじはん）］にはじまります。

十三、［そ　（ぼ）］は、［　　（まいにち）］、［正（しょう）　（ご）］にお昼（ひる）ごはんを食（た）べます。

毎	後	前	午	半	分	間	時	何	閉

Antwort

一、閉

二、午後五時、閉館（かん）

三、明日、何時

四、時

五、時間

六、二人、分

七、二分の一

八、半分

九、今、九時十一分

十、五時半、前

十一、半月

十二、学校、毎日、午前八時半

十三、祖（そ）母、毎日、正（しょう）午

ヨウ

日
ひへん

何曜日（なんようび）	-W (welcher Tag?)
日曜日（にちようび）	-Zeit. (Sonntag)
月曜日（げつようび）	-Zeit. (Montag.)
火曜日（かようび）	-Zeit. (Dienstag)
水曜日（すいようび）	-Zeit. (Mittwoch)
木曜日（もくようび）	-Zeit. (Donnerstag)
金曜日（きんようび）	-Zeit. (Freitag)
土曜日（どようび）	-Zeit. (Samstag)

曜

一、来年（らいねん）の元旦（がんたん）は、何曜日（なんようび）ですか。

二、今日（きょう）は、火曜日（かようび）です。

三、昨日（きのう）は、日曜日（にちようび）で休日（きゅうじつ）でした。

四、五月五日（ごがついつか）は、金曜日（きんようび）ですか。

五、来月（らいげつ）の一日（ついたち）は、何曜日（なんようび）ですか。

六、水曜日（すいようび）です。

1. An welchem Wochentag ist der erste Januar?
2. Heute ist Dienstag.
3. Gestern war Sonntag und ein Feiertag.
4. Was für ein Tag ist der erste Tag des nächsten Monats?
5. Der fünfte Mai ist ein Freitag.
6. Es ist Mittwoch.

次の言葉を使って、文をつくりましょう。

一、何曜日

二、日曜日

三、月曜日

四、木曜日

五、火曜日

六、土曜日

シュウ

辶・辶
しんにゅう
しんにょう

週（しゅう） -N (Woche)
毎週（まいしゅう） -Zeit. (jede Woche)
来週（らいしゅう） -Zeit. (nächste Woche)
先週（せんしゅう） -Zeit. (letzte Woche)
今週（こんしゅう） -Zeit. (diese Woche)
一週間（いちしゅうかん） -Zahlw. (für eine Woche)
週末（しゅうまつ） -Zeit. (Wochenende)
週刊（しゅうかん） -N (wöchentliche Printausgabe)

週

一、毎週（まいしゅう）、ここに来（き）ます。
二、来週（らいしゅう）、おおさかに出（しゅっ）ちょうします。
三、一週間（いちしゅうかん）は、七日間（なのかかん）。
四、一週間（いちしゅうかん）に二回（にかい）、ジョギングをします。
五、週末（しゅうまつ）、何（なに）をしますか。
六、週刊（しゅうかん）のざっし。

1. Ich komme jede Woche hierher.
2. Nächste Woche mache ich eine Geschäftsreise nach Osaka.
3. Eine Woche sind sieben Tage.
4. Ich jogge zweimal in der Woche.
5. Was machen Sie am Wochenende?
6. Wochenzeitschrift

次の言葉を使って、文をつくりましょう。

一、毎週

二、今週

三、先週

四、来週

五、一週間

六、週末

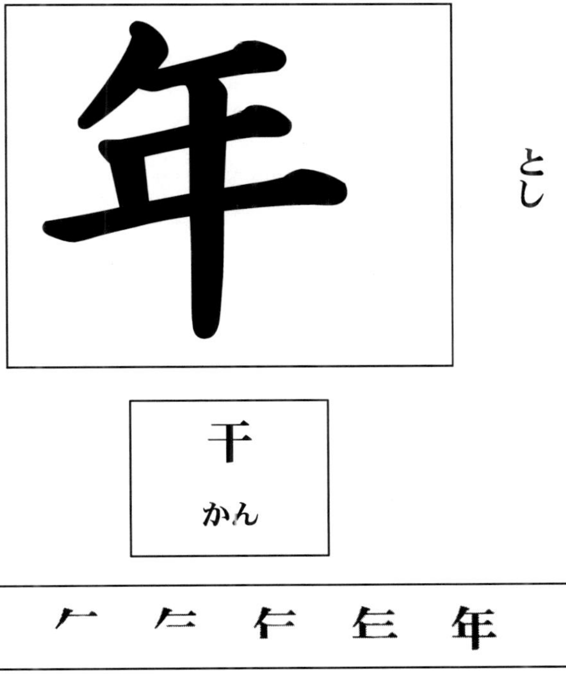

年(とし) -N (Jahr)	来年(らいねん) -Zeit. (nächstes Jahr)
*お年玉(としだま) -N (Otoshidama)	去年(きょねん) -Zeit. (letztes Jahr)
今年(ことし) -Zeit. (dieses Jahr)	一年(いちねん) -Zahlw. (ein Jahr)
	年中(ねんじゅう) -Zahlw. (ganzes Jahr durch)
	年末年始(ねんまつねんし) -N (zwischen den Jahren)

年

一、年(とし)をとりました。

二、お年玉(としだま)をたくさんもらいました。

三、今(いま)は、二千十二年(にせんじゅうにねん)です。

四、あれからもう一年(いちねん)たちました。

五、あの店(みせ)は、年中無休(ねんじゅうむきゅう)です、

六、年末年始(ねんまつねんし)は、とても忙(いそが)しいです。

1. Ich bin alt geworden.
2. Ich habe viele Otoshidama bekommen.
3. Dieses Jahr ist 2013.
4. Es ist schon ein Jahr vergangen.
5. Dieses Geschäft hat das ganze Jahr hindurch keinen Ruhetag.
6. Zwischen Weihnachten und Neujahr haben wir sehr viel zu tun.

*お年玉(としだま) - Zu Neujahr bekommen Kinder Geldgeschenke in einem kleinen Couvert.

次の言葉を使って、文をつくりましょう。

一、年

二、今年

三、来年

四、去年

五、七年

六、年中

あま

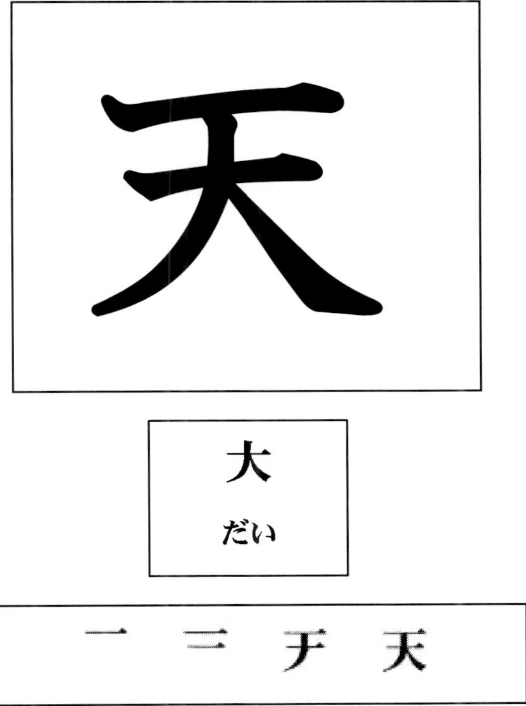

テン

大
だい

一 二 チ 天

*天の川(あまがわ) -N (Amanogawa)

天気(てんき) -N (Wetter)

天使(てんし) -N (Engel)

天地(てんち) -N (Himmel und Erde)

天災(てんさい) -N (Naturkatastrophe)

天下(てんか) -N (Regierung)

天

一、七月七日(しちがつなのか)に、おりひめ様(さま)とひこぼし様(さま)が天の川(あまがわ)で会(あ)います。

二、「いいお天気(てんき)ですね。」

三、彼女(かのじょ)は、天使(てんし)のような人(ひと)だ。

四、神様(かみさま)が、天地(てんち)をつくられました。

五、天災(てんさい)は、忘(わす)れたころにやってくる。

六、天下(てんか)の統一(とういつ)。

天 ・ 夫

1. Am siebten Juli treffen sich Prinzessin Orihime und Hikoboshi in Amanogawa.
2. Sehr schönes Wetter, nicht wahr?
3. Sie ist wie ein Engel.
4. Gott hat den Himmel und die Erde erschaffen.
5. Eine Naturkatastrophe kommt dann, wenn keiner mit ihr rechnet.
6. die Einheit der Regierung

***天(あま)の川(がわ)** (Galaxie) - Diese Feierlichkeit hat ihren Ursprung in einer chinesischen Legende. Man sagt, dass man am 7. August des alten Kalenders die Galaxie am Himmel besser sehen kann. Nach dem neuen Kalender ist das nun der 7. Juli. Nur an diesem Tag treffen sich Orihime und Hikoboshi in **天(あま)の川(がわ)**. Prinzessin Orihime und der armgeborene Hikoboshi sind ein tragisches Liebespaar aus einer chinesischen Legende.

***七夕(たなばた)** - An diesem Glückstag dürfen wir unsere Wünsche auf farbiges Papier schreiben und damit einen Bambusbaum dekorieren. Die Papierblätter sind rot, schwarz, blau, weiß und gelb - nach den wichtigen fünf Elementen Feuer, Wasser, Holz, Metall und Erde.

次の言葉を使って、文をつくりましょう。

一、天の川
二、天気
三、天地
四、天災
五、天使
六、天下

ケ　キ

气

きがまえ

ノ　𠂉　𠂊　气　気　気

気(き)	-N (Wille, Gefühle, Interesse)
天気(てんき)	-N (Wetter)
元気(げんき)	-Adj.2 (aktiv/gesund)
気持(きも)ち	-N (Gefühl/Befinden)
気(き)こう	-N (Klima)
気体(きたい)	-N (Gasform)
気力(きりょく)	-N (Willenskraft / Geisteskraft)

気

一、今日(きょう)は、とてもいい天気(てんき)だ。

二、とても元気(げんき)のいい子(こ)だ。

三、彼女(かのじょ)の気持(きも)ちがよくわかる。

四、日本(にほん)の気(き)こうは、さまざまです。

五、水(みず)がふっとうすると、気体(きたい)になる。

六、まったく気力(きりょく)がない。

1. Es ist heute sehr schönes Wetter.
2. Das ist ein sehr lebhaftes Kind.
3. Ich verstehe sie sehr gut.
4. Japanisches Wetter ist sehr unterschiedlich.
5. Wenn das Wasser aufkocht, wird es gasförmig.
6. Ich habe überhaupt keine Lust.

次の言葉を使って、文をつくりましょう。

一、天気

二、元気

三、気持ち

四、気こう

五、気体

六、気力

ウ

雨

あめ

雨

あめかんむり

一 丆 冂 币 而 雨 雨 雨

雨(あめ) -N (Regen)

＊雨(あめ)あがり -N (Aufhören des Regens)

雨雲(あまぐも) -N (Regenwolke)

雨水(あまみず) -N (Regenwasser)

＊梅雨(つゆ) -N (Regenzeit)

雨

一、雨(あめ)にぬれました。

二、雨(あめ)が降(ふ)っています。

三、雨(あめ)あがりに、にじを見(み)ました。

四、雨雲(あまぐも)が出(で)て来(き)た。

五、雨水(あまみず)が天井(てんじょう)からもって来(き)た。

六、今(いま)は、六月(ろくがつ)で梅雨(つゆ)です。

1. Ich bin vom Regen nass geworden.
2. Es regnet.
3. Nach dem Regen habe ich den Regenbogen gesehen.
4. Da kommt eine Regenwolke.
5. Regenwasser tropft von der Decke.
6. Es ist Juni und Regenzeit.

＊雨上がり（あめあ） - Das ist der Moment, in dem der Regen gerade aufgehört hat. Japaner schätzen diesen schönen Moment, weil man spüren kann, dass die Luft durch den Regen gereinigt worden ist.

＊梅雨（つゆ） - japanische Regenzeit. Etwa im Mai regnet es regelmäßig. Die Hortensie ist eine symbolische Blüte im dieser Zeit.

次の言葉を使って、文をつくりましょう。

一、雨

二、雨上がり

三、雨雲

四、雨水

五、梅雨

セツ

雪

ゆき

雨

あめかんむり

一 丆 冖 币 币 雨 雨 雨 雪 雪 雪

雪(ゆき) -N (Schnee)

大雪(おおゆき) -N (starker Schneefall)

雪(ゆき)だるま -N (Schneemann)

雪(ゆき)げ色(しき) -N (Schneelandschaft)

雪

一、雪(ゆき)が降(ふ)り出(だ)した。

二、大雪(おおゆき)になった。

三、雪(ゆき)がつもったので、雪(ゆき)だるまを作(つく)った。

四、美(うつく)しい雪(ゆき)げ色(しき)が目(め)にいたい。

1. Es hat angefangen zu schneien.
2. Es ist ein starker Schneefall geworden.
3. Da der Schnee liegengeblieben ist, haben wir einen Schneemann gebaut.
4. Diese wunderbare Schneelandschaft tut meinen Augen fast weh.

次の言葉を使って、文をつくりましょう。

一、雪

二、大雪

三、雪だるま

四、雪げ色

雲

くも・ぐも

ウン

雨

あめかんむり

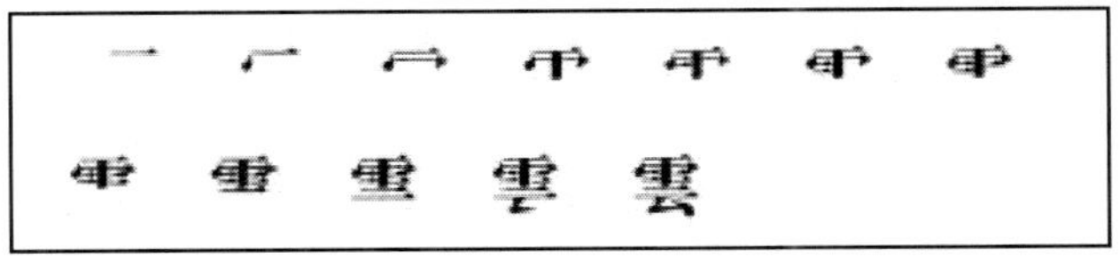

雲(くも) -N (Wolke)

雲行き(くもゆき) -N (Wetterlage, Lage/Situation)

雨雲(あまぐも) -N (Regenwolke)

雲

一、雲(くも)のながれを見(み)ています。

二、西(にし)の方(ほう)から雨雲(あまぐも)が出(で)て来(き)た。

三、あまり雲行(くもゆ)きがよくない。

1. Ich schaue gerade zu, wie die Wolke sich bewegt.
2. Die Regenwolke kommt aus Westen.
3. Die Lage hat sich etwas verschlechtert.

次の言葉を使って、文をつくりましょう。

一、雲

二、雲行き

三、雨雲

デン

雨

あめかんむり

電話（でんわ） -N (Telefon)
電車（でんしゃ） -N (Zug)
電気（でんき） -N (Strom, Licht)
電気（でんき）せいひん -N (Elektroprodukte)
電（でん）げん -N (Hauptsicherung)
電（でん）たく -N (Taschenrechner)

電

一、今日（きょう）の夜（よる）、電話（でんわ）します。

二、東京（とうきょう）まで電車（でんしゃ）で行（い）きます。

三、ねる時（とき）、電気（でんき）をけして下（くだ）さい。

四、どこで電気（でんき）せいひんを買（か）いますか。

五、電（でん）げんをぬいて下（くだ）さい。

六、電（でん）たくを使（つか）って下（くだ）さい。

1. Ich rufe Sie heute Abend an.
2. Bis Tokyo fahre ich mit dem Zug.
3. Wenn Sie ins Bett gehen, machen Sie bitte das Licht aus.
4. Wo kaufen Sie Elektroartikel?
5. Ziehen Sie bitte den Stecker raus.
6. Benutzen Sie den Rechner.

次の言葉を使って、文をつくりましょう。

一、電気

二、電車

三、電話

四、電たく

五、電気せいひん

六、電げん

国

くに

コク・ゴク

口
くにがまえ

丨 冂 冂 冂 甲 囯 国 国

国(くに) -N (Land)
国中(くにじゅう) -N (ganzes Land)

国王(こくおう) -N (König des Landes)
中国(ちゅうごく) -N (China)
国家(こっか) -N (Staat)
一国(いっこく) -N (ein Land / ein Volk)

国

一、あの国(くに)にあこがれています。
二、国中(くにじゅう)が大(おお)さわぎだ。
三、彼(かれ)は、一国(いっこく)の国王(こくおう)だ。
四、国(くに)の安定(あんてい)にはげみましょう。
五、中国(ちゅうごく)のれきしは、長(なが)い。
六、国家(こっか)の成立(せいりつ)。

次の言葉を使って、文をつくりましょう。

一、国

二、国中

三、中国

四、国王

五、国家

六、一国

1. Ich sehne mich nach dem Land.
2. Das ganze Land befindet sich in einer großen Unruhe.
3. Er ist der König eines Landes.
4. Lass uns für die Stabilität des Landes unser Bestes tun.
5. Die Geschichte Chinas ist sehr lang.
6. Aufbau des Landes

復習問題（ふくしゅうもんだい）

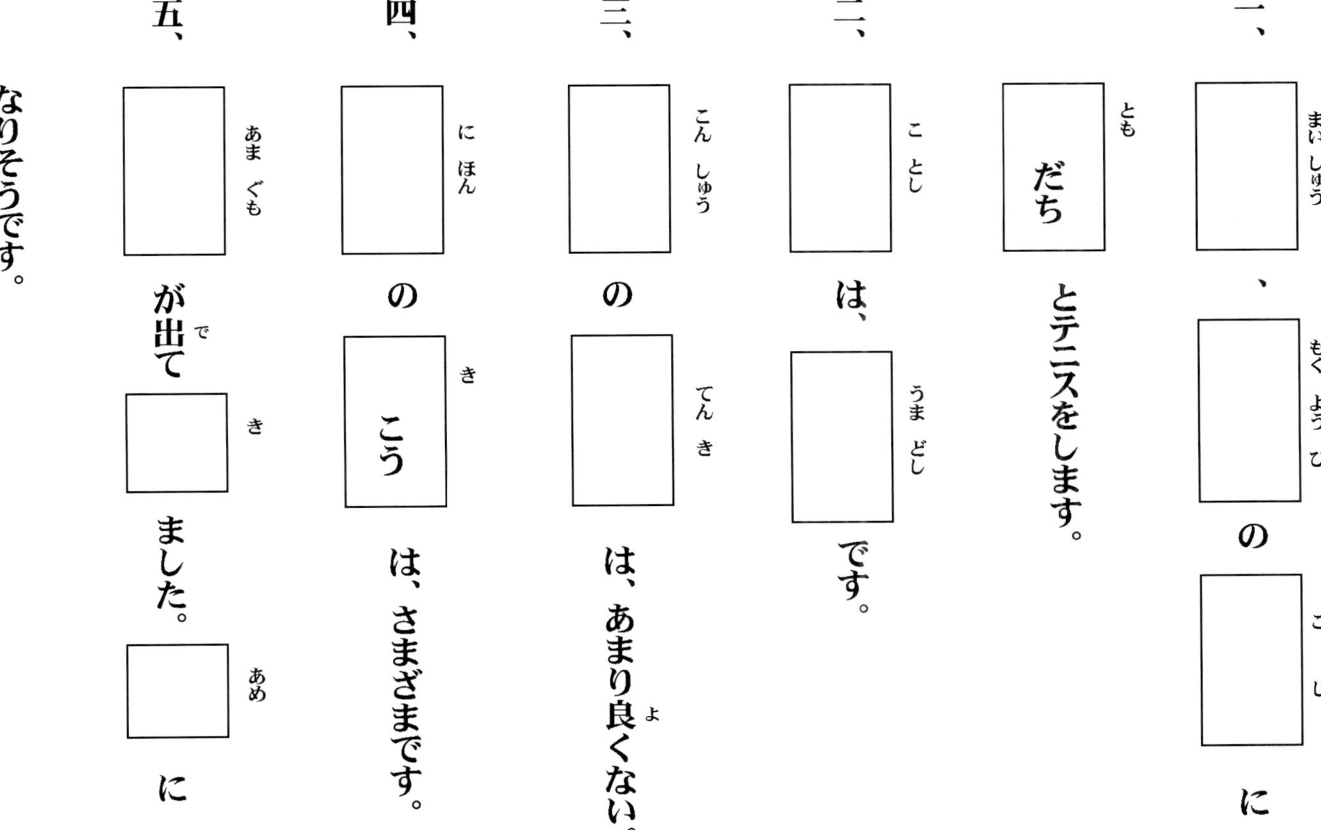

一、□（まいしゅう）、□（もくようび）の□（ごじ）に□（とも）だちとテニスをします。

二、□（ことし）は、□（うまどし）です。

三、□（こんしゅう）の□（てんき）は、あまり良（よ）くない。

四、□（にほん）の□（き）こうは、さまざまです。

五、□（あまぐも）が出（で）て□（き）ました。□（あめ）になりそうです。

六、□（きょう）は、□（いちにちじゅう）、□（ゆき）がふって、
外（そと）は、まっ白（しろ）です。

七、□（くも）が、いろいろな形（かたち）に□（み）える。

八、すみません。ちょっと□（でんき）をつけて下さい。

九、□（せんしゅう）、□（でん）車（しゃ）でハイデルベルグに
に行きました。

十、カナダは、とても寒（さむ）い□（くに）だ。

十一、□（あした）、朝（あさ）□（くじ）に□（でん）話（わ）を
かけてくれませんか。

国	電	雲	雪	雨	気	天	年	週	曜

Antwort

一、毎週、木曜日、五時、友

二、今年、午年

三、今週、天気

四、日本、気こう

五、雨雲、来、雨

六、今日、一日中、雪、

七、雲、見

八、電気

九、先週、電車(しゃ)

十、国

十一、明日、九時、電話(わ)

花

カ　はな

艹
くさかんむり

一　十　艹　艹　芢　芲　花

花(はな) -N (Blume) ＊お花見(はなみ) -N (Hanami) 花火(はなび) -N (Feuerwerk) 花束(はなたば) -N (Blumenstrauß) 花畑(はなばたけ) -N (Blumenfelder)	花(か)だん -N (Blumenbeet) 花(か)ふん -N (Blütenstaub)

花

一、今(いま)は、さくらの花(はな)ざかり。明日(あした)、お花見(はなみ)に行きます。

二、日本(にほん)の花火(はなび)は、すばらしい。

三、彼(かれ)は、花(はな)もようのシャツを着(き)ていました。

四、花(はな)だんの花(はな)で、花束(はなたば)をつくりました。

五、なの花(はな)の花畑(はなばたけ)をさんぽしました。

六、ゆりの花(か)ふんがシャツにつきました。

1. Jetzt stehen die Kirschbäume in voller Blüte. Morgen gehen wir Hanami feiern.
2. Japanische Feuerwerke sind gigantisch.
3. Er hat ein Hemd mit Blütenmuster angehabt.
4. Ich habe aus den Blumen in meinen Blumenbeeten einen Strauß gebunden.
5. Wir sind durch Rapsfelder spazieren gegangen.
6. Der Blütenstaub der Lilien ist auf meinem Shirt.

***お花見**(はなみ) - Das ganze Land feiert die Schönheit der Kirschblüten. Bei höchster Blütezeit versammeln sich die Japaner unter den Bäumen, singen, trinken und essen. Es ist eine fast inoffizielle Feiertagszeit. An diesen Tagen arbeiten viele Leute nicht, sie gehen hinaus ins Freie und feiern unter den Kirschbäumen. Dabei gibt es je nach Regionslage verschiedene Blütezeiten, so dass sich diese Feierlichkeiten auch dementsprechend von Süden nach Norden verschieben.

次の言葉を使って、文をつくりましょう。

一、花

二、お花見

三、花火

四、花束

五、花だん

六、花ふん

魚

さかな、うお

ギョ

魚 うおへん

丿 ⺈ ⺈ 内 角 角 角 魚 魚 魚 魚

- 魚（さかな） -N (Fisch)
- 魚屋（さかなや） -N (Fischladen)
- やき魚（ざかな） -N (gegrillter Fisch)
- 魚の目（うおのめ） -N (Hühnerauge)
- 魚るい（ぎょるい） -N (Fischarten)

魚

一、毎週（まいしゅう）、水曜日（すいようび）に魚（さかな）を食（た）べます。

二、いつもあの魚屋（さかなや）さんで、魚（さかな）を買（か）います。

三、魚（さかな）りょうりが好（す）きですか。

四、はい、やき魚（ざかな）が、大好（だいす）きです。

五、足のうらの魚の目（うおのめ）が、いたい。

六、くじらは、魚るい（ぎょるい）じゃない。

1. Wir essen jeden Mittwoch Fisch.
2. Ich kaufe immer im Fischladen ein.
3. Mögen Sie Fischgerichte?
4. Ja, ich mag sehr gerne gegrillten Fisch.
5. Das Hühnerauge an meinem Fuß tut weh.
6. Der Wal ist kein Fisch.

次の言葉を使って、文をつくりましょう。

一、魚

二、魚屋

三、やき魚

四、魚の目

五、魚るい

屋

オク　や

尸
しかばね

Strichfolge: 一 コ 尸 尸 尸 屋 屋 屋 屋

*屋 -N (kleines Lädchen)
魚屋（さかなや） -N (Fischladen)
花屋（はなや） -N (Blumenladen)
パン屋（や） -N (Bäckerei)
本屋（ほんや） -N (Buchladen)
八百屋（やおや） -N (Gemüseladen)
文（ぶん）ぼう具屋（ぐや） -N (Schreibwarengeschäft)

*屋上（おくじょう） -N (Dachgeschoss)

屋

一、お魚屋（さかなや）さんで 魚（さかな） を買（か）います。
二、お花屋（はなや）さんで花束（はなたば）を買（か）います。
三、パン屋（や）さんで 食（しょく） パンを買（か）います。
四、本屋（ほんや）さんでマンガを買（か）います。
五、八百屋（やおや）さんで野菜（やさい）を買（か）います。
六、文（ぶん）ぼう 具屋（ぐや）さんでえんぴつを買（か）います。

1. Man kauft Fisch im Fischladen.
2. Man kauft einen Blumenstrauß im Blumenladen.
3. Man kauft Toastbrot beim Bäcker.
4. Man kauft Manga im Buchladen.
5. Man kauft Gemüse im Gemüse- und Obstladen.
6. Man kauft Bleistifte im Schreibwarengeschäft.

*屋(や) - Früher war dies die Bezeichnung für ein kleines Lädchen. Heutzutage sind die meisten Läden größere Unternehmen mit mehreren Filialen. Dennoch bleibt die alte Bezeichnung in ihrer Verwendung erhalten.

*屋上(おくじょう) - Dies bezeichnet das offene Dachgeschoss von öffentlichen Gebäuden (oft Hochhäuser). Sie werden zumeist als Kinderspielplatz, Biergarten, Golfübungsplatz o.ä. benutzt.

次の言葉を使って、文をつくりましょう。

一、魚屋

二、花屋

三、パン屋

四、本屋

五、八百屋

六、文ぼう具屋

店

みせ

テン

广
まだれ

丶 亠 广 广 庐 庐 店 店

*店(みせ) -N (Laden)	店長(てんちょう) -N (Geschäftsleitung) 閉店(へいてん) -する N (der Laden ist geschlossen) 開店(かいてん) ⇕ 閉店(へいてん) 店員(てんいん) -N (Verkäufer) きっさ店(てん) -N (Café) 商店(しょうてん)がい -N (Einkaufspassage)

店

一、あの新(あたら)しいお店(みせ)は、とてもステキです。

二、この店(みせ)の店長(てんちょう)は、どの方(かた)ですか。

三、開店(かいてん)は、何時(なんじ)ですか。

四、もう閉店(へいてん)しました。

五、きっさ店(てん)でウエイトレスをしています。

六、今(いま)、商店(しょうてん)がいで買(か)い物(もの)をしています。

1. Dieses neue Geschäft ist sehr hübsch.
2. Wer ist der Geschäftsführer in diesem Laden?
3. Um wie viel Uhr machen Sie auf?
4. Es ist leider schon geschlossen.
5. Ich arbeite als Kellnerin in einem Café.
6. Ich kaufe gerade in der Einkaufsarkade ein.

***店**(みせ) - allgemeines Wort für Orte, an denen man einkaufen kann

次の言葉を使って、文をつくりましょう。

一、店

二、店長

三、閉店

四、店員

五、きっさ店

六、商店がい

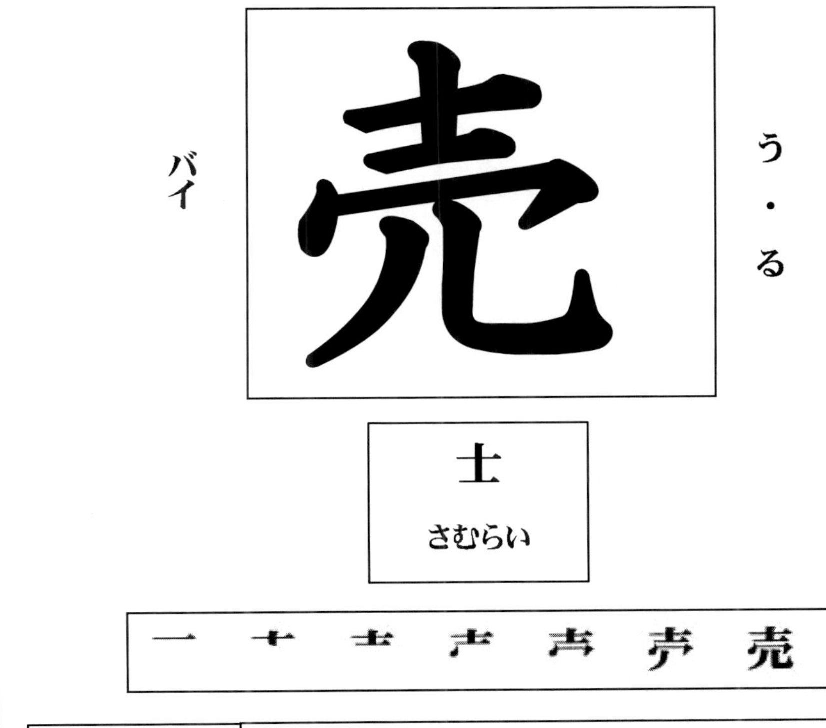

売(う)る -V (verkaufen)
売(う)り場(ば) -N (Verkaufsabteilung)
売(う)り切(き)れ -N (Ausverkauf)
＊売(う)れ残(のこ)り -N (übrig gebliebene Waren)
＊売(う)り子(こ) -N (Verkäuferin)

売店(ばいてん) -N (Kiosk)
売春婦(ばいしゅんふ) -N (Prostituierte)

売

一、あのキヨスクで新聞(しんぶん)を売(う)っています。
二、妹(いもうと)は、デパートの売(う)り子(こ)です。
三、くつ売(う)り場(ば)は、何階(なんかい)ですか。
四、今月(こんげつ)の「東京(とうきょう)」は、もう売(う)り切(き)れです。
五、今月(こんげつ)の「東京(とうきょう)」は、たくさん売(う)れ残(のこ)りました。
六、あの売店(ばいてん)は、朝七時(あさしちじ)に開(あ)きます。

1. Der Kiosk verkauft Zeitungen. (bzw.: In dem Kiosk kann man Zeitungen kaufen.)
2. Meine kleine Schwester ist Verkäuferin in einem Kaufhaus.
3. In welchem Stock ist die Schuhabteilung?
4. Der „Tokyo“ dieses Monats ist schon ausverkauft.
5. Vom „Tokyo“ dieses Monats ist viel übriggeblieben.
6. Dieser Verkaufsstand öffnet morgens um sieben Uhr.

* **売れ残り**（うれのこり） - Das ist auch ein Schimpfwort für junge Frauen, die mit 30 Jahren noch immer nicht verheiratet sind. Man möchte damit sagen, dass sie niemand haben wollte. Allerdings heiraten die Japaner heutzutage schon später.

* **売り子**（うりこ） - altes Wort für Verkäuferin. Heute sagt man **店員**（てんいん） oder **店の店員**（みせのてんいん）.

次の言葉を使って、文をつくりましょう。

一、売る

二、売り場

三、売り子

四、売り切れ

五、売れ残り

六、売店

買

か・う

バイ

貝
こがい
かいへん

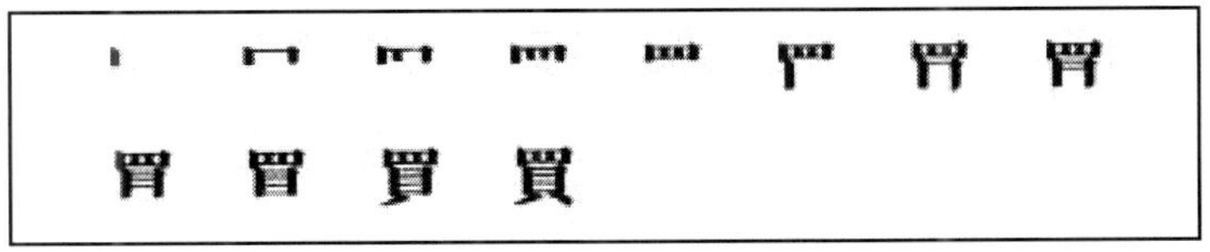

買う(か) -V (kaufen)
買い物(かいもの) -する N (Einkauf)
買い方(かいかた) -N (wie man kauft)
買い占め(かいしめ) -する N (Aufkauf)
買い手(かいて) -N (Käufer)

売買(ばいばい) -する N (An- u. Verkauf)

買

一、昨日(きのう)、時計(とけい)を買(か)いました。
二、食料(しょくりょう)を買(か)い占(し)めた。
三、切符(きっぷ)の買(か)い方(かた)がわかりますか。
四、この車(くるま)の買(か)い手(て)はどの方(かた)ですか。
五、明日(あした)、買(か)い物(もの)に行(い)きませんか。
六、車(くるま)の売買(ばいばい)をしています。

1. Ich habe gestern eine Uhr gekauft.
2. Ich habe die Lebensmittel aufgekauft.
3. Wissen Sie, wie man ein Ticket kauft?
4. Wer ist der Käufer dieses Autos?
5. Sollen wir morgen zusammen einkaufen gehen?
6. Ich handle mit Autos.

次の言葉を使って、文をつくりましょう。

一、買う

二、買い物

三、買い方

四、買い占める

五、買い手

六、売買

（はなぶさ）

英

エイ

艹

くさかんむり

一 十 艹 … 英

* 英（はなぶさ） -N (Hanabusa)
Diese Lesung benutzt man heute kaum.

英語（えいご） -N (Englisch)

英国（えいこく） -N (Großbritannien)

英文（えいぶん） -N (englischer Text)

英ゆう（えい） -N (heldenhafte Person)

英

一、英語（えいご）が話（はな）せますか。

二、プリンス・チャールズは、英国（えいこく）の王子（おうじ）です。

三、英文（えいぶん）が書（か）けますか。

四、ナポレオンは、フランスの英（えい）ゆうです。

1. Können Sie Englisch sprechen?
2. Prinz Charles ist der Prinz von Großbritannien.
3. Können Sie Englisch schreiben?
4. Napoleon ist der Held Frankreichs.

＊英（はなぶさ）- ① Kelchblatt. Blüte ohne Fruchte.

② hervorragend

③ **イギリス**（„**英**“ kommt von früherer Schreibweise: **英吉利**（いぎりす））
Diese Lesung ist aber für Level A1-A2 bzw. N5 nicht geeignet.

次の言葉を使って、文をつくりましょう。

一、英語

二、英文

三、英国

四、英ゆう

い・う
こと

ゲン
ゴン

言
ごんべん

一 二 三 言 言 言 言

＊言(い)う -V (sagen)
言(い)いつけ -N (Verhaltensanweisung)
言葉(ことば) -N (Wort)
方言(ほうげん) -N (Dialekt)
ゆい言(ごん) -N (Testament, letzter Wille)
言語(げんご) -N (Sprache/Worte)

言

一、「明日(あした)の新聞(しんぶん)を読(よ)んで下(くだ)さい。」と、言(い)いました。
二、よく言(い)いつけを守(まも)って下(くだ)さい。
三、むすめは、一才(いちさい)で言(こと)ばを話(はな)しました。
四、あの人(ひと)は、ひどい方言(ほうげん)で話(はな)している。
五、母(はは)のゆい言(ごん)がありました。
六、日本(にほん)の北(きた)の方(ほう)に古(ふる)い言語(げんご)がのこっている。

1. Ich sagte: „Lesen Sie bitte die morgige Zeitung.“
2. Bitte halten Sie sich an die Regel, die ich genannt habe.
3. Meine Tochter hat mit einem Jahr ihr erstes Wort gesagt.
4. Der Mann spricht mit einem furchtbaren Dialekt.
5. Es gab von meiner Mutter ein Testament.
6. In Nordjapan hat sich die alte japanische Sprache erhalten.

***言(い)う** - sagen

***話(はな)す** - miteinander reden, einander etwas erzählen, sich unterhalten

***語(かた)る** - eine Rede halten, eine Geschichte erzählen (nicht vorlesen), aussprechen

次の言葉を使って、文をつくりましょう。

一、言う

二、言いつけ

三、言葉(ば)

四、方言

五、ゆい言

六、言語

はな・す
はなし

ワ

話

言
ごんべん

丶 亠 亖 言 言 言 言 訁 訂 訐 訐 話 話

＊話す（はなす） -V (reden/sprechen)
お話（おはなし） -N (Geschichte)
昔話（むかしばなし） -N (alte Geschichte)
会話（かいわ） -N (Konversation)
電話（でんわ） -する N (Telefon)
話だい（わだい） -N (Thema)

話

一、話（はな）すことは、にがてです。
二、「おばあちゃん、お話（はなし）して。」
三、日本昔話（にほんむかしばなし）の本（ほん）を買（か）いました。
四、英会話（えいかいわ）を習（なら）っています。
五、明日（あした）、電話（でんわ）して下（くだ）さい。
六、話題（わだい）を変（か）えましょう。

話 ・ 語

次の言葉を使って、文をつくりましょう。

一、話す

二、お話

三、昔話

四、電話

五、話だい

六、会話

1. Reden ist nicht mein Ding.
2. „Omi, kannst du mir eine Geschichte erzählen?“
3. Ich habe ein japanisches Märchenbuch gekauft.
4. Ich lerne im Moment Englisch sprechen.
5. Bitte rufen Sie mich morgen an.
6. Wechseln Sie bitte das Thema.

*話（はな）す - siehe 言（い）う

語

ゴ

かた・る

言
ごんべん

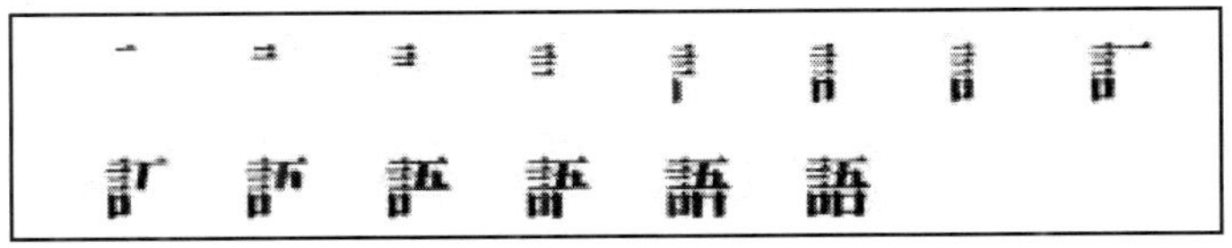

*語る -V (erzählen)

単語 -N (Vokabel)

日本語 -N (japanische Sprache)

英語 -N (Englisch)

国語 -N (Landessprache)

ドイツ語 -N (Deutsch)

語学 -N (Sprachwissenschaft)

語

一、単語のべんきょうをして下さい。

二、彼は、日本語が上手です。

三、英語が苦手です。

四、国語が大好きです。

五、スイス人は、ドイツ語を話します。

六、語学より数学のほうが、とくいです。

語・話

1. Lerne bitte die Vokabel.
2. Er kann sehr gut Japanisch.
3. Ich kann nicht gut Englisch.
4. Ich mag die Landessprache sehr.
5. Schweizer sprechen Deutsch.
6. Ich mache lieber Mathematik als Sprachen.

次の言葉を使って、文をつくりましょう。

一、語る

二、日本語

三、英語

四、国語

五、単(たん)語

六、語学

*語(かた)る - siehe 言(い)う

復習問題（ふくしゅうもんだい）

一、□（いま）から お□（はなや）さんで □（はな）束（たば）を □（か）いに 行きます。

二、あの □（おがわ）の □（なか）に □（ちい）さい □（さかな）が たくさんいます。

三、あそこの □（みせ）でコーヒーを飲（の）みませんか。

四、駅（えき）のホームの □（ばいてん）で □（しんぶん）を □（う）って います。

五、□（はちじ）から □（かい）物（もの）に □（い）きます。

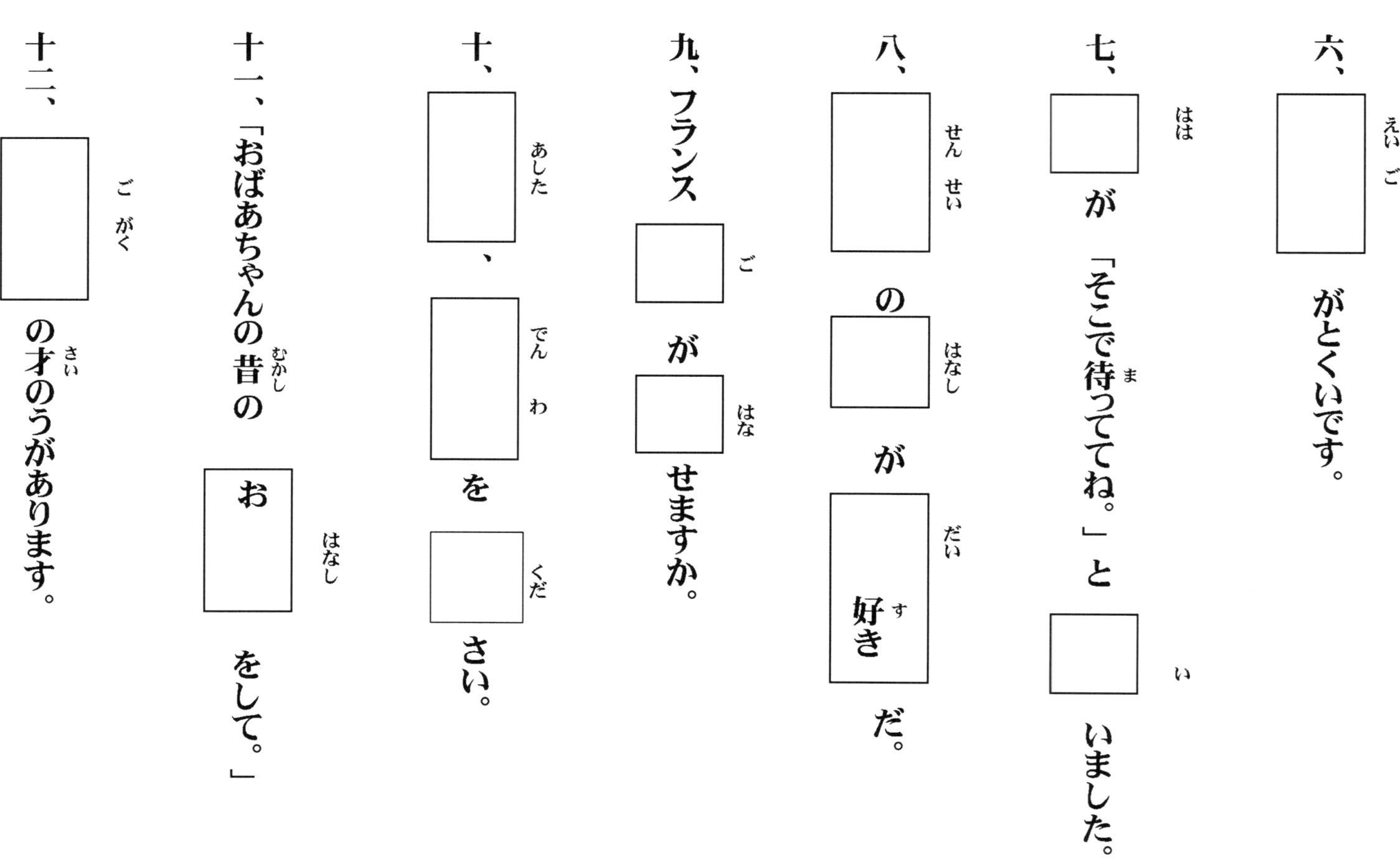

六、［えいご］がとくいです。

七、［はは］が「そこで待（ま）っててね。」と［い］いました。

八、［せんせい］の［はなし］が［だい　好（す）き］だ。

九、フランス［ご］が［はな］せますか。

十、［あした］、［でんわ］を［くだ］さい。

十一、「おばあちゃんの昔（むかし）の［お　はなし］をして。」

十二、［ごがく］の才（さい）のうがあります。

語	話	言	英	買	売	店	屋	魚	花

Antwort

一、今、お花屋さん、花束（たば）

二、小川、中、小さい、魚

三、店

四、売店、新聞、売って

五、八時、買い物、行

六、英語

七、母、言

八、先生、話、大

九、語、話

十、明日、電話、下

十一、お話

十二、語学

読

ドク

よ・む

言

ごんべん

読(よ)む -V (lesen)

読書(どくしょ) -N (lesen)

読(どっ)かい力(りょく) -N (Verständnisfähigkeit)

読者(どくしゃ) -N (Leser)

愛読(あいどく) -する N (Freude am Lesen)

読

一、今(いま)、本(ほん)を読(よ)んでいます。

二、毎日(まいにち)、新聞(しんぶん)を読(よ)んで下(くだ)さい。

三、しゅみは、読書(どくしょ)です。

四、彼(かれ)は、読(どっ)かい力(りょく)にかけています。

五、読者(どくしゃ)のみなさんに意見(いけん)を聞(き)きましょう。

六、今(いま)、この本(ほん)を愛読(あいどく)しています。

次の言葉を使って、文をつくりましょう。

一、読む

二、読書

三、読かい力

四、読者

五、愛読（あい）

1. Ich lese gerade ein Buch.
2. Bitte lies jeden Tag die Zeitung.
3. Mein Hobby ist Lesen.
4. Er versteht das Gelesene nicht.
5. Lass uns hören, was die Leser sagen.
6. In Moment lese ich gerne dieses Buch.

たべ・る

ショク

食・飠
しょくへん

ノ 人 𠆢 今 今 今 食 食 食

- 食(た)べる -V (essen)
- 食事(しょくじ) -する N (Essen/Mahlzeit)
- ＊日本食(にほんしょく) -N (japanisches Essen)
- ＊和食(わしょく) -N (japanisches Essen)
- 飲食(いんしょく) -する N (Essen+Trinken)
- 食堂(しょくどう) -N (Speiseladen)
- 食(しょく)たく -N (Esstisch)

食

一、何時(なんじ)にお昼(ひる)ごはんを食(た)べますか。

二、今夜(こんや)、いっしょに食事(しょくじ)に行(い)きませんか。

三、和食(わしょく)は、好(す)きですか。

四、毎日(まいにち)の飲食(いんしょく)は、とても大事(だいじ)だ。

五、あの食堂(しょくどう)で食(た)べましょう。

六、食卓(しょくたく)の用意(ようい)が、できています。

1. Um wie viel Uhr essen Sie zu Mittag?
2. Sollen wir heute abendessen gehen?
3. Mögen Sie japanisches Essen?
4. Tägliches Essen ist sehr wichtig.
5. Lass uns im Restaurant essen.
6. Der Esstisch ist schon bereitgestellt.

***和食**（わしょく） - Früher wurde Japan „Land **和**（わ）" genannt. Daher heißt Japan heute noch „**和**（わ）" = ***日本食**（にほんしょく）.

次の言葉を使って、文をつくりましょう。

一、食べる

二、食事

三、日本食

四、和食

五、食堂

六、食たく

飲

の・む

イン

食・飠

しょくへん

飲(の)む -V (trinken)

飲(の)み物(もの) -N (Getränke)

飲(の)み方(かた) -N (wie man trinkt)

飲(いん)りょう水(すい) -N (Trinkwasser)

飲食店(いんしょくてん) -N (Speiselokal)

飲

一、何(なに)を飲(の)みますか。

二、飲(の)み物(もの)は、何(なに)が好(す)きですか。

三、お茶(ちゃ)の飲(の)み方(かた)をおしえて下(くだ)さい。

四、山(やま)の上(うえ)に飲(いん)りょう水(すい)があります。

五、飲食店(いんしょくてん)の仕事(しごと)は、きらいです。

1. Was möchten Sie trinken?
2. Was trinken Sie gerne?
3. Können Sie mir zeigen, wie man Tee trinkt?
4. Es gibt auf dem Berg was zu trinken.
5. Ich mag die Arbeit in der Gastronomie nicht.

次の言葉を使って、文をつくりましょう。

一、飲む

二、飲み物

三、飲み方

四、飲りょう水

五、飲食店

ショ

曰

ひらび

一 ⺕ ⺕ ⺕ ⺕ 聿 聿 書 書 書

書(か)く -V (schreiben)

書道(しょどう) -N (japanische Kalligraphie)

書(しょ)るい -N (Dokumente)

書物(しょもつ) -N (Schriftstück)

図書(としょ)かん -N (Bibliothek)

きょう科書(かしょ) -N (Lehrbuch)

書

一、昨日(きのう)、母(はは)に手紙(てがみ)を書(か)きました。

二、書道(しょどう)を習(なら)っています。

三、書(しょ)るいのせいりをしています。

四、古(ふる)い書物(しょもつ)を集(あつ)めています。

五、今日(きょう)、図書(としょ)かんで十冊本(じゅうさつほん)をかりました。

六、今(いま)、きょう科書(かしょ)を読(よ)んでいます。

1. Ich habe gestern einen Brief an meine Mutter geschrieben.
2. Ich lerne japanische Kalligrafie.
3. Ich räume gerade meine Papiere auf.
4. Ich sammle alte Bücher.
5. Ich habe heute in der Bibliothek zehn Bücher ausgeliehen.
6. Ich lese gerade mein Lehrbuch.

次の言葉を使って、文をつくりましょう。

一、書く

二、書道

三、書るい

四、書物

五、図書かん

六、きょう科書

うち

ナイ
ダイ

内

人・亻
にんべん

丨　冂　内　内

＊内(うち) -N (=**中**(なか) innen, meine Familie, mein Haus)

内がわ(うち) -N (Innenseite)

家内(かない) -N (meine Frau)

以内(いない) -N (bis dahin, innerhalb)

内部(ないぶ) -N (Innenteil, intern)

＊国内(こくない) -N (im Land, innerhalb des Landes)

内

一、内(うち)の中(なか)に入(はい)って下(くだ)さい。

二、内(うち)の犬(いぬ)の名前(なまえ)は、チコです。

三、この戸(と)だなの内(うち)がわは、白(しろ)です。

四、家内(かない)は今(いま)、外出中(がいしゅつちゅう)です。

五、一千万(いっせんまん)以内(いない)で行(おこな)って下(くだ)さい。

六、内部(ないぶ)の話(はなし)は、止(や)めて下(くだ)さい。

1. Bitte gehen Sie ins Haus.
2. Der Name unseres Hundes ist Chiko.
3. Die Innenseite des Schranks ist weiß.
4. Meine Frau ist im Moment nicht zu Hause.
5. Bitte kommen Sie mit 10.000.000 Yen aus.
6. Bitte hören Sie auf, persönliche Geschichten zu erzählen.

***内**(うち) - Das Zeichen bedeutet „innen“. Aber wenn es alleine steht, bedeutet es normalerweise „bei mir zu Hause“, „meine Familie“ oder „mein Haus“.

***国内**(こくない) - Das erste Zeichen „**国**“ kann man durch ein anderes Zeichen ersetzten, z.B. innerhalb des Wortes „Schule“ (**校内**(こうない)), innerhalb „Bahnhof“ (**駅内**(えきない)), innerhalb „Firma“ (**社内**(しゃない)) usw.

次の言葉を使って、文をつくりましょう。

一、内

二、内がわ

三、家内

四、以内

五、内部

六、国内

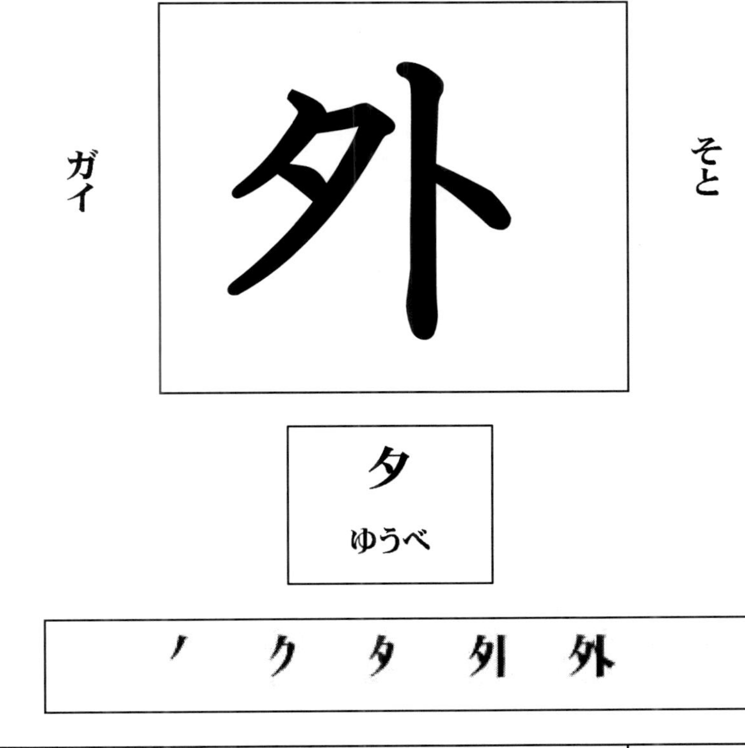

外(そと) -N (außen)
外側(そとがわ) -N (Außenseite)
外国(がいこく) -N (Ausland)
外車(がいしゃ) -N (ausländisches Auto)
外人(がいじん) -N (Ausländer)
外出(がいしゅつ) -する N (Verlassen des Hauses)
外面(がいめん) -N (Fassade)
*外泊(がいはく) -する N (Übernachtung)

外

一、外(そと)に出(で)てあそびなさい。

二、外国(がいこく)に行(い)きたい。

三、あそこにステキな外車(がいしゃ)があります。

四、父(ちち)は、今(いま)、外出(がいしゅつ)しています。

五、外面(がいめん)だけは、いい。

六、娘(むすめ)が外泊(がいはく)しました。

1. Geh raus spielen.
2. Ich möchte ins Ausland.
3. Dort gibt es ein attraktives ausländisches Auto.
4. Mein Vater ist gerade nicht zu Hause.
5. Nur die Erscheinung ist positiv.
6. Meine Tochter kam diese Nacht nicht nach Hause.

*外泊(がいはく) - Dieses Wort ist meistens negativ gemeint: unerlaubt oder ohne das Mitwissen der Familienmitglieder.

次の言葉を使って、文をつくりましょう。

一、外

二、外側

三、外国

四、外人

五、外出

六、外泊

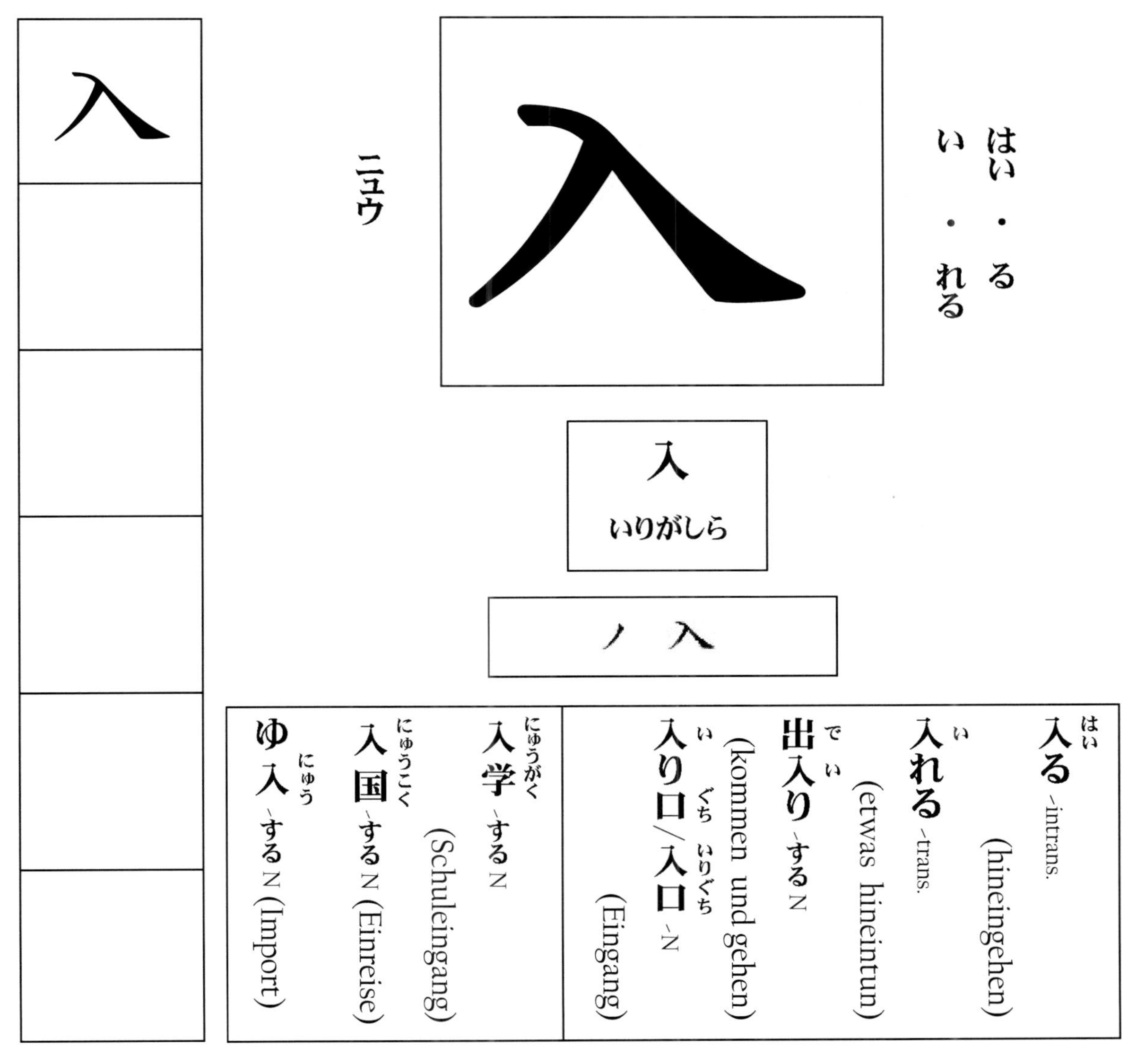

一、りんごをかごに入(い)れて下(くだ)さい。

二、入口(いりぐち)から入(はい)って下(くだ)さい。

三、さいきん、女(おんな)の人(ひと)が、出入(でい)りしています。

四、明日(あした)は、むすこの入学式(にゅうがくしき)です。

五、入国(にゅうこく)の手(て)つづきをおねがいします。

六、このお肉(にく)は、ゆ入品(にゅうひん)です。

入・人

1. Legen Sie bitte die Äpfel in den Korb.
2. Bitte gehen Sie durch den Eingang.
3. In letzter Zeit kommt ab und zu eine Frau zu dem Haus.
4. Morgen ist das Einschulungsfest meines Sohnes.
5. Bitte erledigen Sie die Immigrationsformalitäten.
6. Dieses Fleisch ist Importware.

次の言葉を使って、文をつくりましょう。

一、入る

二、入れる

三、入口

四、入学

五、入国

六、ゆ入

出

シュツ

で・る
だ・す

凵
かんにょう

（筆順）ㄴ 凵 屮 出 出

出る（で） -intrans. (hinausgehen) **出す**（だ） -trans. (heraus-nehmen) **出入り口**（でいりぐち）/**出入口**（でいりぐち） -N (Ein-und Ausgang)	**出席**（しゅっせき） -する N (Anwesenheit) **出欠**（しゅっけつ） -する N (Abwesenheit) **出身**（しゅっしん） -N (Herkunft) **出場**（しゅつじょう） -する N (Auftritt bei einer Veranstaltung)

出

一、鼻血（はなぢ）が出（で）ました。
二、手紙（てがみ）を出（だ）しました。
三、出入口（でいりぐち）は、どこですか。
四、今日（きょう）の会（かい）ぎに、*ぜひ、出席（しゅっせき）して下（くだ）さい。
五、どちらの出身（しゅっしん）ですか。
六、かぜで、サッカーのしあいに出場（しゅつじょう）できませんでした。

1. Ich habe Nasenbluten.
2. Ich habe einen Brief verschickt.
3. Wo ist der Ein- und Ausgang?
4. Bitte kommen Sie zur heutigen Konferenz.
5. Woher kommen Sie ursprünglich?
6. Leider konnte ich beim Fußballspiel wegen einer Erkältung nicht mitspielen.

***ぜひ** - Das heißt „unbedingt", ist aber zu unterscheiden von „**ぜったい**". „**ぜったい**" ist eher Befehl. „**ぜひ**" ist eher eine Empfehlung oder Einladung.

次の言葉を使って、文をつくりましょう。

一、出る

二、出す

三、出入口

四、出席

五、出欠

六、出身

東

ひがし

トウ

木
きへん

一 丆 币 百 亘 申 東 東

東（ひがし） -N (Ost)
東側（ひがしがわ） -N (Ostseite)
東口（ひがしぐち） -N (Ostausgang)
東京（とうきょう） -N (Tokyo)
東北（とうほく） -N (Nordosten)
東南（とうなん） -N (Südosten)

東

一、東（ひがし）はどちらですか。
二、東側（ひがしがわ）に入口（いりぐち）があります。
三、駅（えき）の東口（ひがしぐち）に出（で）て下（くだ）さい。
四、あさって、東京（とうきょう）に行（い）きます。
五、いなかは、東北（とうほく）です。
六、あれは、東南（とうなん）アジアの人たちだ。

次の言葉を使って、文をつくりましょう。

一、東

二、東側

三、東口

四、東京

五、東北

六、東南

1. Wo ist Osten?
2. Der Eingang ist an der Ostseite.
3. Verlassen Sie die Station bitte durch den Ostausgang.
4. Ich fahre übermorgen nach Tokyo.
5. Meine Heimat ist Nordostjapan.
6. Sie sind die Leute aus Südostasien.

にし

セイ
サイ・ザイ

西

西
おおいかんむり

一 ｱ 冂 襾 西 西

西（にし） -N (West)
西日本（にしにほん） -N (Westjapan)
西ヨーロッパ（にし） -N (Westeuropa)
西部（せいぶ） -N (westlicher Teil)
西れき（せい） -N (AD/nach Christus)
関西（かんさい） -N (ein Gebiet in Westjapan)
西おう（せい） -N (Europa)

一、西（にし）の山（やま）に日（ひ）の入（い）りが見（み）えます。
二、父（ちち）は、西日本（にしにほん）の出身（しゅっしん）です。
三、アメリカの西部（せいぶ）に行（い）ったことがありますか。
四、西（せい）れき一九六四年（せんきゅうひゃくろくじゅうよねん）に生（う）まれました。
五、関西（かんさい）の方（かた）ですか。
六、西（せい）おうの文化（ぶんか）を学（まな）びたい。

1. Ich sehe den Sonnenuntergang nahe eines Bergs im Westen.
2. Mein Vater kam aus Westjapan.
3. Waren Sie schon mal im Westen der USA?
4. Ich bin im Jahr 1964 geboren.
5. Sind Sie aus Kansai?
6. Ich möchte gerne die Kultur Europas kennenlernen.

次の言葉を使って、文をつくりましょう。

一、西

二、西日本

三、西ヨーロッパ

四、西部

五、西れき

六、西おう

復習問題（ふくしゅうもんだい）

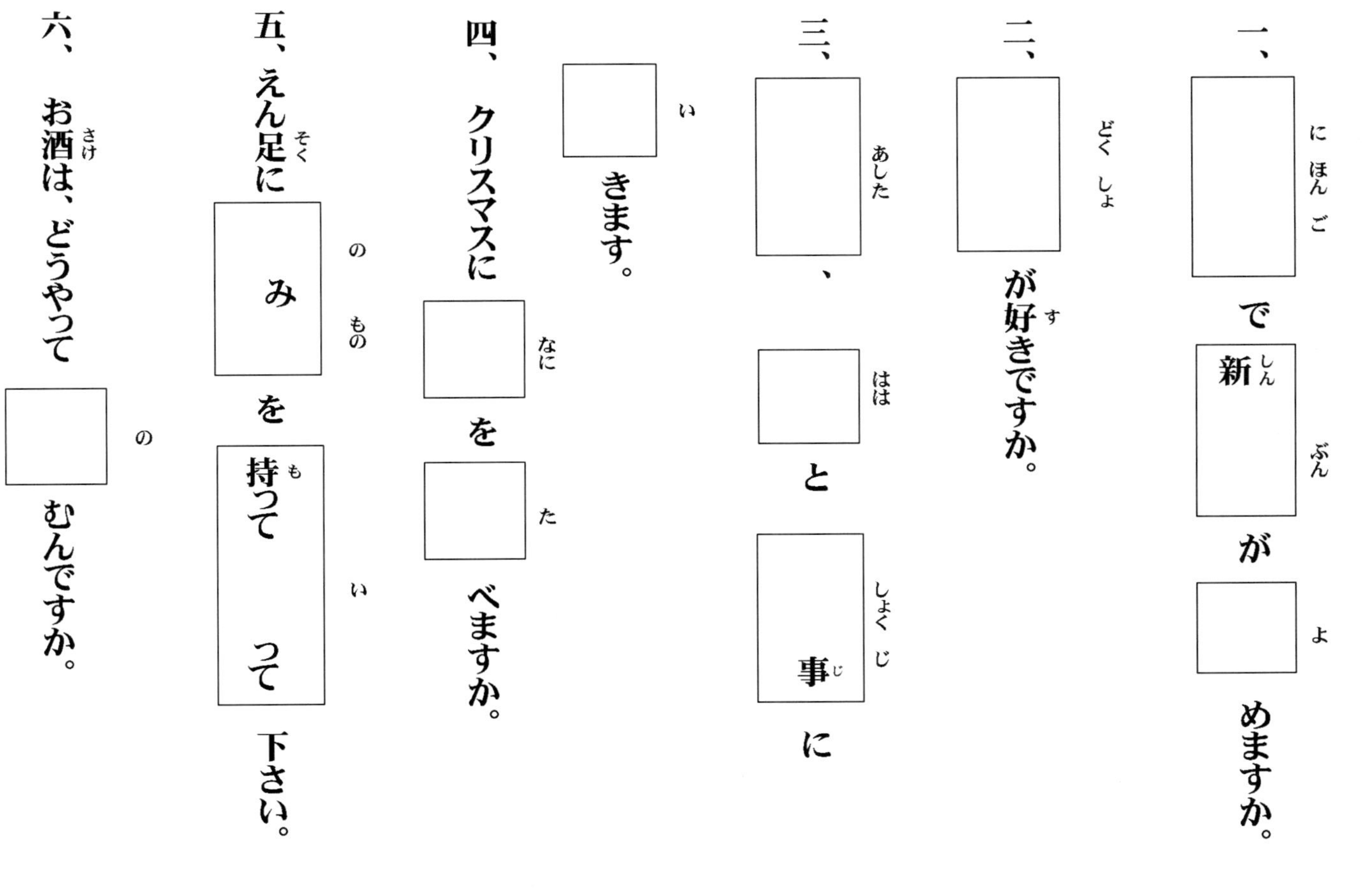

一、［にほんご］で新（しん）［ぶん］が［よ］めますか。

二、［どくしょ］が好（す）きですか。

三、［あした］、［はは］と［しょく］事（じ）に

［い］きます。

四、クリスマスに［なに］を［た］べますか。

五、えん足（そく）に［の］み［もの］を持（も）って［い］って下さい。

六、お酒（さけ）は、どうやって［の］むんですか。

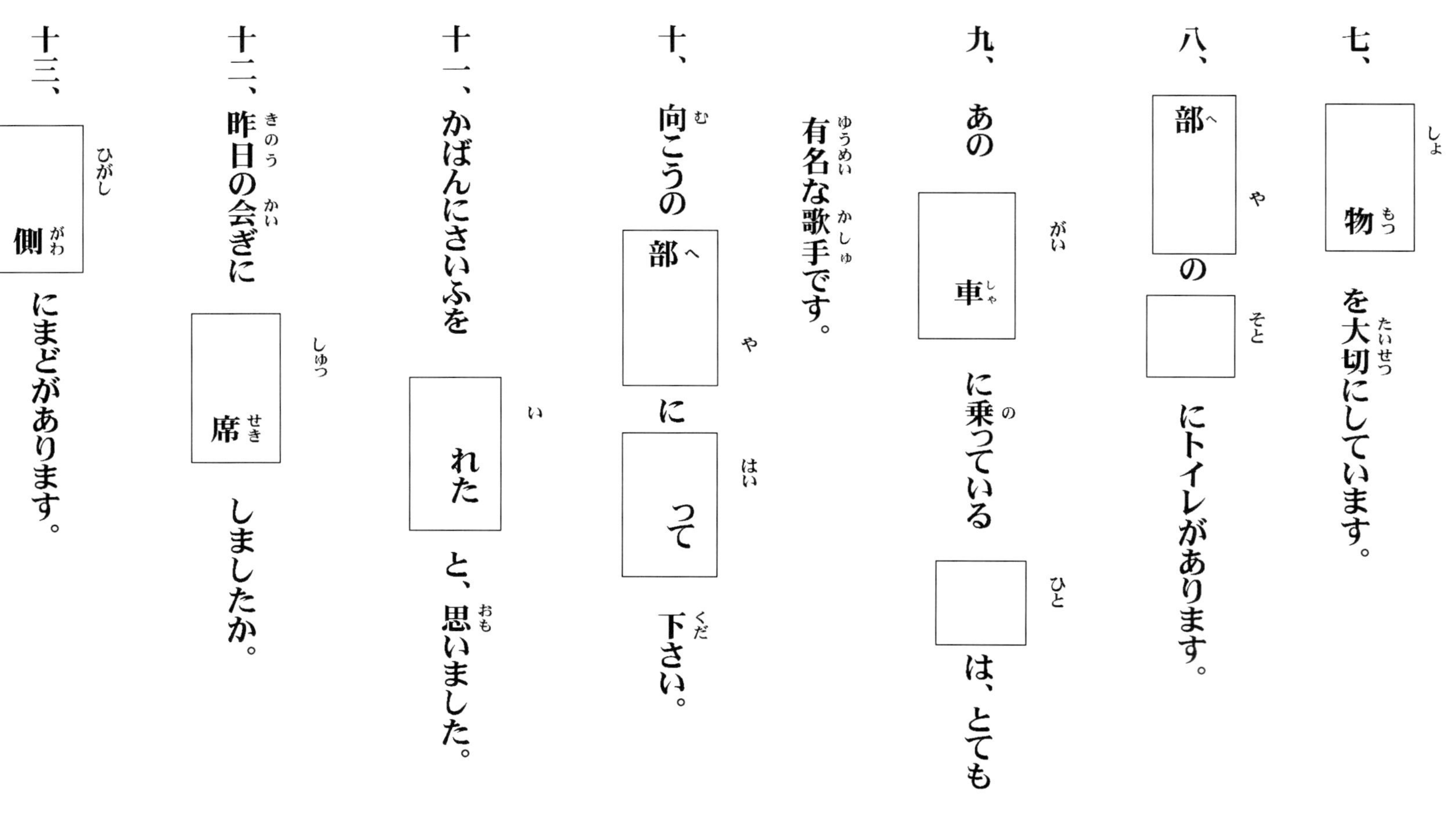
七、□（しょ）物（もつ）を大切（たいせつ）にしています。

八、部（へ）□（や）の□（そと）にトイレがあります。

九、あの□（がい）車（しゃ）に乗（の）っている□（ひと）は、とても有名（ゆうめい）な歌手（かしゅ）です。

十、向（む）こうの部（へ）□（や）に□（はい）って下（くだ）さい。

十一、かばんにさいふを□（い）れたと、思（おも）いました。

十二、昨日（きのう）の会（かい）ぎに□（しゅっ）席（せき）しましたか。

十三、□（ひがし）側（がわ）にまどがあります。

西	東	出	入	外	内	書	飲	食	読

Antwort

一、日本語、新(しん)聞、読
二、読書、好
三、明日、母、食事(じ)
四、何、食
五、飲み物、行って
六、飲
七、書物(もつ)
八、外
九、外車(しゃ)、人
十、入って
十一、入れた
十二、出席(せき)
十三、東側(がわ)

南

みなみ

ナン

十
じゅう

一 十 𠂇 冇 冇 冇 冇 冇 南

南（みなみ）-N (Süd)
南側（みなみがわ）-N (Südseite)
南日本（みなみにほん）-N (Südjapan)

南方（なんぽう）-N (Süden)
南西（なんせい）-N (Südwesten)
南（なん）きょく -N (Südpol)

南

一、南（みなみ）に向（む）かいます。
二、南側（みなみがわ）にまどがあります。
三、南日本（みなみにほん）から来（き）ました。
四、風（かぜ）が南方（なんぽう）から吹（ふ）いています。
五、ひろしまは、日本（にほん）の南西（なんせい）にあります。
六、南（なん）きょくに出発（しゅっぱつ）します。

次の言葉を使って、文をつくりましょう。

一、南

二、南側

三、南日本

四、南方

五、南西

六、南きょく

1. Wir gehen Richtung Süden.
2. Es gibt ein Fenster zur Südseite.
3. Ich bin aus Südjapan.
4. Der Wind weht aus dem Süden.
5. Hiroshima liegt in Südwestjapan.
6. Wir starten zum Südpol.

北

きた

ホク・ボク・ホッ

匕 ひ

一 ⺊ ⺊ 北 北

北(きた) -N (Nord)	**南北**(なんぼく) -N (Nordsüd)
北側(きたがわ) -N (Nordseite)	**北きょく**(ほっきょく) -N (Nordpol)
北日本(きたにほん) -N (Nordjapan)	**東西南北**(とうざいなんぼく) -N (alle Himmelsrichtungen)
北向き(きたむき) -N (Ausrichtung nach Norden)	

北

一、**北**(きた)には、**北**(ほっ)きょくがあります。

二、このにわの**北側**(きたがわ)にりんごの**木**(き)があります。

三、**北日本**(きたにほん)は、とても**寒**(さむ)いです。

四、**北向**(きたむ)きの**家**(いえ)は、**好**(す)きじゃありません。

五、**日本**(にほん)は、**南北**(なんぼく)にのびています。

六、**東西南北**(とうざいなんぼく)、**旅**(たび)をしました。

1. Im Norden gibt es den Nordpol.
2. Im Norden dieses Gartens gibt es einen Apfelbaum.
3. Nordjapan ist sehr kalt.
4. Ein Haus, das nach Norden ausgerichtet ist, gefällt mir nicht.
5. Japan verläuft von Norden nach Süden.
6. Ich bin schon überall in der Welt gereist.

次の言葉を使って、文をつくりましょう。

一、北

二、北側

三、北日本

四、南北

五、北きょく

六、東西南北

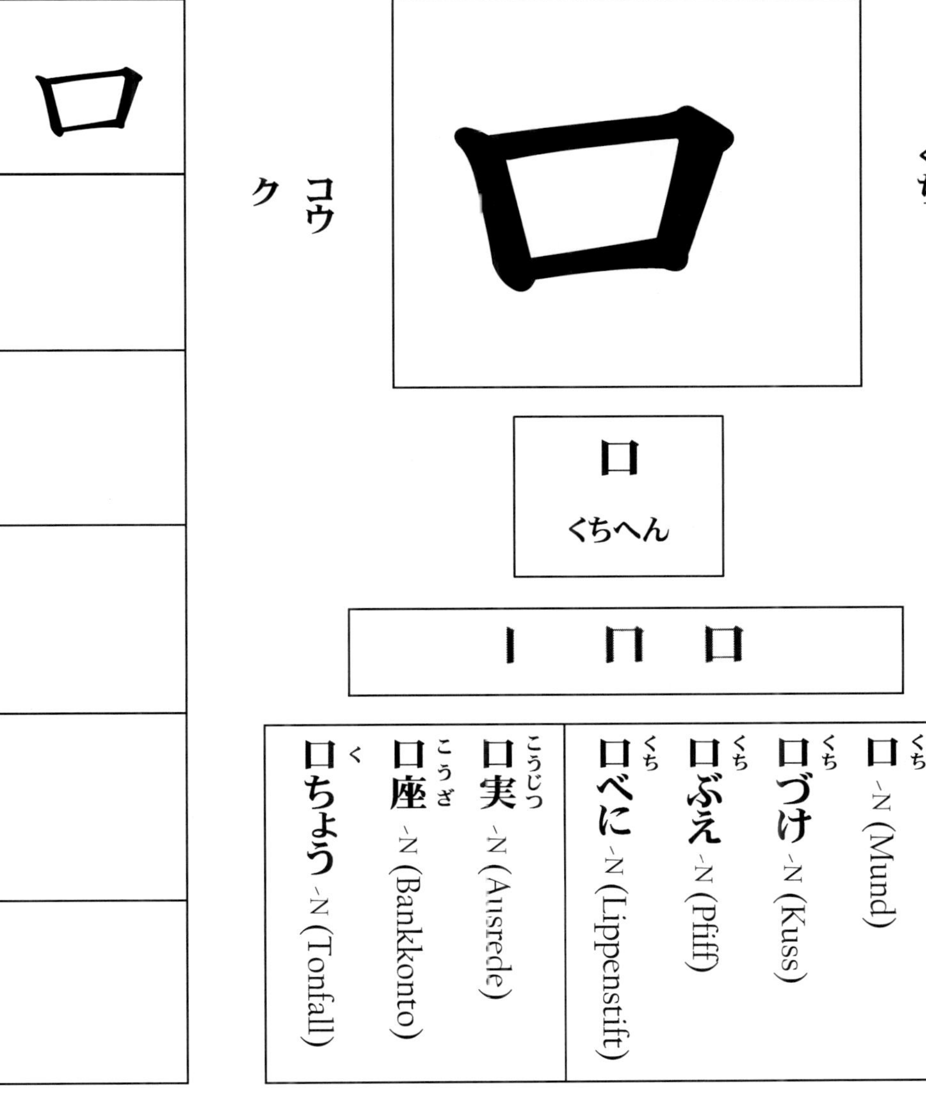

口(くち) -N (Mund)
口(くち)づけ -N (Kuss)
口(くち)ぶえ -N (Pfiff)
口(くち)べに -N (Lippenstift)
口実(こうじつ) -N (Ausrede)
口座(こうざ) -N (Bankkonto)
口(く)ちょう -N (Tonfall)

一、口(くち)を大(おお)きく開(あ)けて下(くだ)さい。

二、口(くち)づけをするシーン。

三、口(くち)ぶえをふきながら歩(ある)いた。

四、赤(あか)い口(くち)べに。

五、口実(こうじつ)をつけて、ことわった。

六、この銀行(ぎんこう)の口座(こうざ)をもっていますか。

口 ・ 口(カ)

1. Machen Sie Ihren Mund bitte weit auf.
2. die Szene mit dem Kuss
3. Ich bin pfeifend gelaufen.
4. roter Lippenstift
5. Ich habe mit einer Ausrede abgesagt.
6. Haben Sie Ihr Konto bei dieser Bank?

次の言葉を使って、文をつくりましょう。

一、口

二、口ぶえ

三、口べに

四、口実

五、口座

六、口ちょう

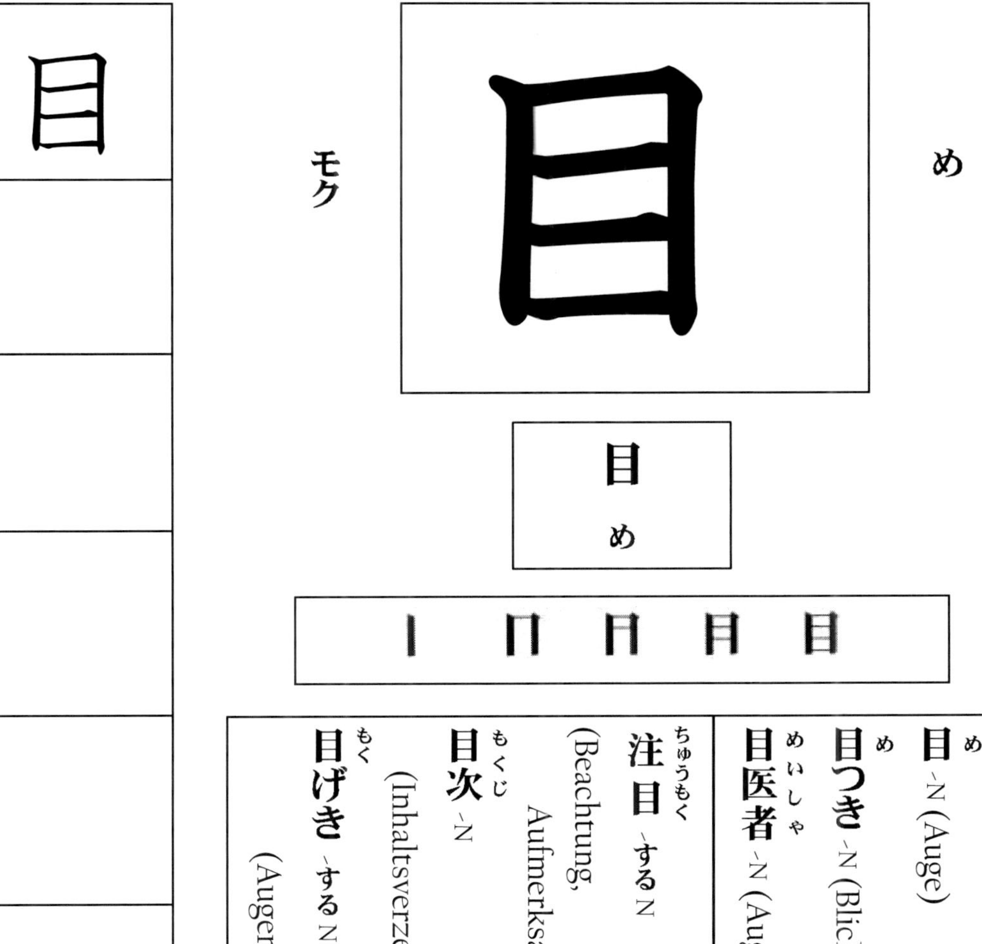

一、目にゴミが入った。

二、目つきのわるい男

三、明日、目医者さんに行きます。

四、みなさん、この絵に注目して下さい。

五、目げき者は、いませんでした。

六、目次を見て下さい。

次の言葉を使って、文をつくりましょう。

一、目

二、目つき

三、目医者

四、注目

五、目次

六、目げき

1. In mein Auge ist Schmutz reingekommen.
2. der Mann mit dem bösen Blick
3. Ich gehe morgen zum Augenarzt.
4. Bitte alle die Aufmerksamkeit auf dieses Bild richten.
5. Da gab es keinen Augenzeugen.
6. Schau bitte ins Inhaltsverzeichnis.

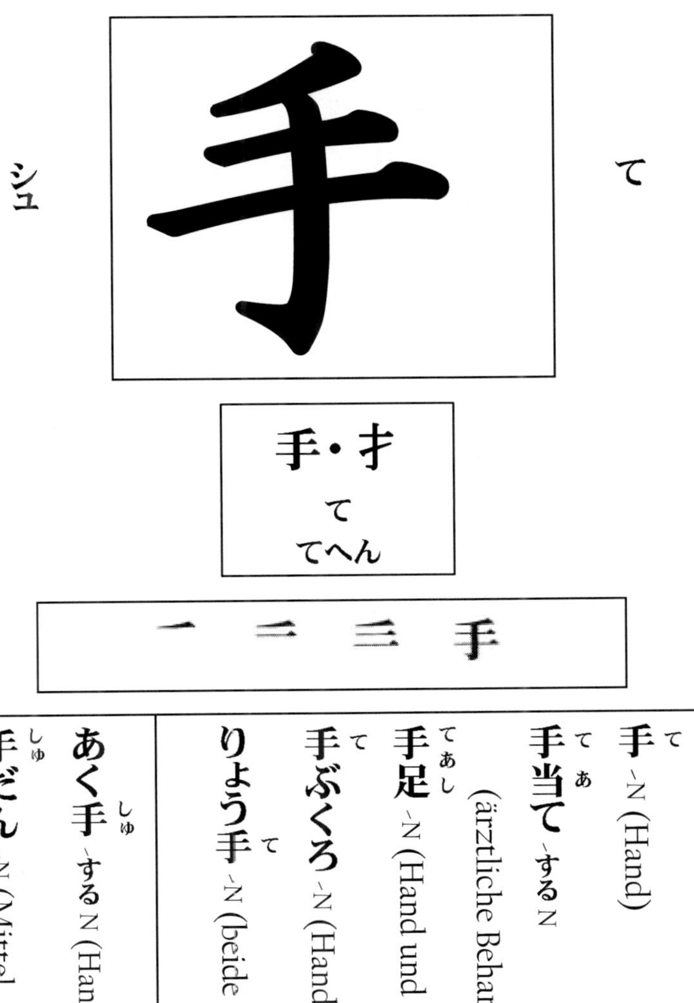

手(て) -N (Hand)

手当(てあ)て -する N (ärztliche Behandlung)

手足(てあし) -N (Hand und Fuß)

手(て)ぶくろ -N (Handschuhe)

りょう手(て) -N (beide Hände)

あく手(しゅ) -する N (Handschlag)

手(しゅ)だん -N (Mittel, Weg, Maßnahme)

手

一、手(て)をたたきましょう。

二、きずの手当(てあ)てをして下(くだ)さい。

三、手(て)ぶくろを忘(わす)れました。

四、りょう手(て)を使(つか)って下(くだ)さい。

五、あく手(しゅ)して仲(なか)なおりしました。

六、次(つぎ)の手(しゅ)だんをかんがえましょう。

1. Lass uns klatschen.
2. Bitte behandeln Sie diese Verletzung.
3. Ich habe meine Handschuhe vergessen.
4. Benutzen Sie bitte beide Hände.
5. Wir haben uns die Hände gegeben und uns wieder vertragen.
6. Lass uns an die nächste Maßnahme denken.

次の言葉を使って、文をつくりましょう。

一、手

二、手ぶくろ

三、りょう手

四、手足

五、あく手

六、手だん

あし
た・りる

ソク

足
あしへん

丨 口 口 早 早 足 足

足(あし) -N (Fuß)
足(た)りる -V (genügen/-d)
足(あし)あと -N (Fußspur)
足首(あしくび) -N (Fußgelenke)
足音(あしおと) -N (Schritgeräusche)
足(そく) (Zahleinheit für ein Paar Schuhe/Socken)
一足(いっそく) -Zahlw. (ein Paar Schuhe/Socken)

足

一、足(あし)をそろえて下(くだ)さい。

二、紙(かみ)が足(た)りません。

三、はまべに足(あし)あとがのこっていた。

四、足首(あしくび)にきずがあります。

五、となりのへやで足音(あしおと)がする。

六、くつ下(した)一足(いっそく)、いくらですか。

1. Legen Sie die Beine zusammen.
2. Es ist nicht genügend Papier da.
3. Am Strand war noch eine Fußspur.
4. Am Fußgelenk ist eine Verletzung.
5. Ich höre nebenan Fußschritte.
6. Was kostet ein Paar Socken?

次の言葉を使って、文をつくりましょう。

一、足

二、足りる

三、足あと

四、足首

五、足音

六、一足

耳

みみ

ジ

耳

みみへん

一 丅 F F 巨 耳

耳（みみ） -N (Ohr) 耳（みみ）たぶ -N (Ohrläppchen) 耳（みみ）なり -N (Ohrensausen) 耳（みみ）より -Adj.2 (mit einem Interesse erregenden Inhalt)	耳（じ）びか -N (Hals-Nasen-Ohren-Arzt)

耳

一、耳（みみ）がいたい。

二、耳（みみ）がとおくなった。

三、耳（みみ）たぶが大（おお）きい人（ひと）。

四、耳（みみ）なりがする。

五、耳（みみ）よりの話（はなし）がありますよ。

六、今日（きょう）、耳（じ）びかに行（い）きました。

次の言葉を使って、文をつくりましょう。

一、耳

二、耳たぶ

三、耳びか

四、耳なり

五、耳より

1. Meine Ohren tun weh.
2. Ich wurde schwerhörig.
3. ein Mensch mit großen Ohrläppchen
4. Ich habe Ohrensausen.
5. Ich habe etwas Interessantes für Sie.
6. Ich war heute beim Hals-Nasen-Ohren-Arzt.

けい・げ

モウ

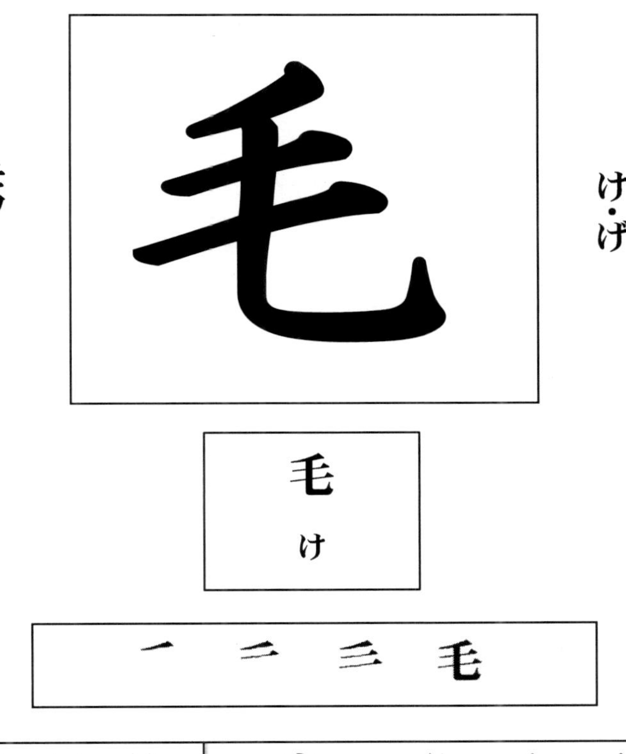

毛（け） -N (Haar)

毛糸（けいと） -N (Wolle)

うぶ毛（げ） -N (Flaum beim Baby)

まき毛（げ） -N (gelocktes Haar)

羽毛（うもう） -N (Feder)

毛布（もうふ） -N (Decke)

羊毛（ようもう） -N (Schafswolle)

毛

一、あたまの毛（け）を毎日（まいにち）そります。

二、毛糸（けいと）であんだセーター。

三、うぶ毛（げ）がかわいらしい。

四、羽毛（うもう）のかけ布団（ぶとん）。

五、「毛布（もうふ）をちゃんとかけて寝（ね）なさい。」

六、羊毛（ようもう）のカーペットは、とても高（たか）いです。

1. Ich rasiere jeden Tag mein Kopfhaar.
2. der gestrickte Pullover
3. Die flaumigen Haare sehen so süß aus.
4. Daunendecken
5. „Deck dich schön zu und schlaf."
6. Der Teppich aus Schafwolle ist sehr teuer.

次の言葉を使って、文をつくりましょう。

一、毛

二、毛糸

三、うぶ毛

四、まき毛

五、羽毛

六、毛布

朝

チョウ　　あさ

月
つきへん

朝（あさ） -Zeit. (Morgen) 朝日（あさひ） -N (Morgensonne) 朝（あさ）ごはん -N (Frühstück) 朝（あさ）がお -N (Trichterwinde) 朝夕（あさゆう） -Zeit. (Morgen und Abend)	*今朝（けさ） -Zeit. (heute Morgen)	朝刊（ちょうかん） -N (Morgenausgabe) 朝食（ちょうしょく） -N (Frühstück)

朝

一、今朝（けさ）、四時（よじ）におきて、朝日（あさひ）を見（み）た。

二、今日（きょう）、朝早（あさはや）くおきました。

三、朝（あさ）ごはんは、何時（いつ）ですか。

四、庭（にわ）に朝（あさ）がおが、さいている。

五、朝夕（あさゆう）、はをみがきます。

六、今日（きょう）の朝刊（ちょうかん）を読（よ）みましたか。

1. Ich bin heute Morgen um vier Uhr aufgestanden und habe den Sonnenaufgang gesehen.
2. Ich bin heute früh aufgestanden.
3. Wann gibt es Frühstück?
4. Die Trichterwinde blühen im Garten.
5. Ich putze die Zähne morgens und abends.
6. Haben Sie die heutige Zeitung gelesen?

***今朝**(けさ) - Bitte beachten: Ausnahmelesung

次の言葉を使って、文をつくりましょう。

一、朝

二、今朝

三、朝ごはん

四、朝日

五、朝刊

六、朝がお

昼

ひる

チュウ

日
ひへん

㇇ コ 尸 尺 尺 昼 昼 昼 昼

- 昼（ひる） -N (Mittag, Nachmittag)
- *昼ごはん（ひる） -N (Mittagessen)
- 昼休み（ひるやす） -N (Mittagspause)
- 昼間（ひるま） -Zeit. (tagsüber)
- 昼ごろ（ひる） -Zeit. (gegen Mittag)
- 昼ね（ひる） -N (Mittagsschlaf)
- *昼食（ちゅうしょく） -N (Mittagessen)

昼

一、もう、昼（ひる）ごはんを食（た）べましたか。

二、昼休（ひるやす）みにちょっと会（あ）いませんか。

三、明日（あした）の昼間（ひるま）は、ひまです。

四、昼（ひる）ごろおきました。

五、ちょっと昼（ひる）ねをしました。

六、昼食（ちゅうしょく）は、十一時半（じゅういちじはん）からです。

1. Haben Sie schon zu Mittag gegessen?
2. Sollen wir uns in der Mittagspause treffen?
3. Morgen Mittag habe ich nichts zu tun.
4. Ich bin zur Mittagszeit aufgestanden.
5. Ich habe ein kleines Mittagsschläfchen gemacht.
6. Mittagessen ist ab elf Uhr dreißig.

*昼(ひる)ごはん - Umgangssprache: Man sagt auch **お昼(ひる)ごはん**.

*昼食(ちゅうしょく) - Das benutzt man oft bei Zeitplänen (z.B. bei Ausflügen, in Schulen, Firmen)

次の言葉を使って、文をつくりましょう。

一、昼

二、昼食

三、昼休み

四、昼間

五、昼ごろ

六、昼ね

復習問題（ふくしゅうもんだい）

一、□（みなみにほん）でみかんが取（と）れます。

二、台風（たいふう）が□（きた）に向（む）かっています。

三、□（くち）べにを赤（あか）くぬった。

四、今（いま）から□（め）医者（いしゃ）さんに行（い）きます。

五、わかる□（ひと）は□（て）を上（あ）げて下（くだ）さい。

六、ドアの外（そと）で□（あし）音（おと）がした。

七、彼（かれ）は、□（みぎ）の□（みみ）が□（き）こえないそうだ。

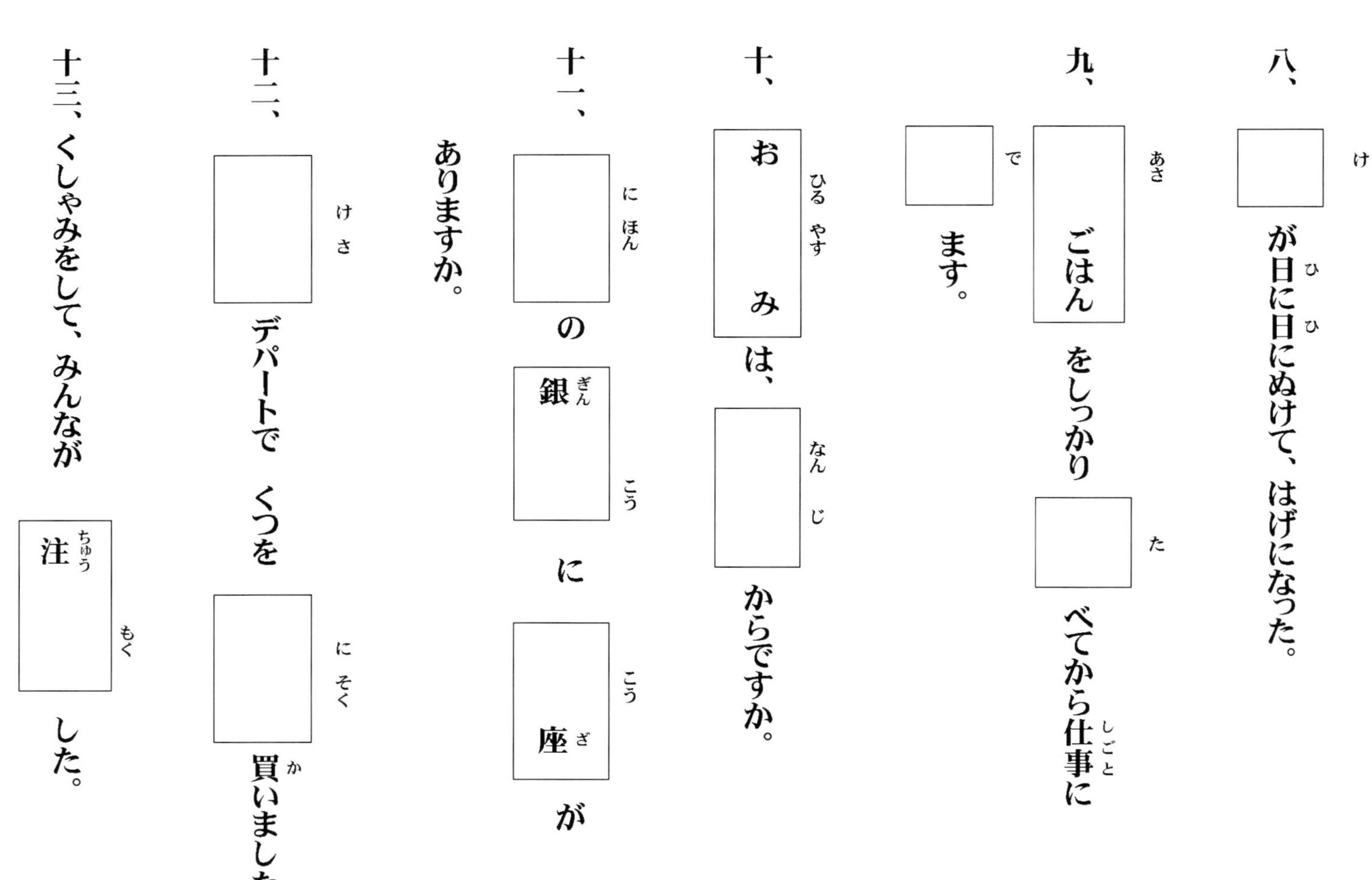

八、［　］(け)が日(ひ)に日(ひ)にぬけて、はげになった。

九、［　ごはん］(あさ)をしっかり［　］(た)べてから仕事(しごと)に［　］(で)ます。

十、［お　み］(ひるやすみ)は、［　］(なんじ)からですか。

十一、［　］(にほん)の［銀(ぎん)　］(こう)に［　座(ざ)］(こう)がありますか。

十二、［　］(けさ)デパートで　くつを［　］(にそく)買(か)いました。

十三、くしゃみをして、みんなが［注(ちゅう)　］(もく)した。

昼	朝	毛	耳	足	手	目	口	北	南

Antwort

一、南日本

二、北

三、口べに

四、目医者（いしゃ）

五、人、手

六、足音（おと）

七、右、耳、聞

八、毛

九、朝、食、出

十、お昼休み、何時

十一、日本、銀行（ぎん）、口座（ざ）

十二、今朝、二足

十三、注目（ちゅう）